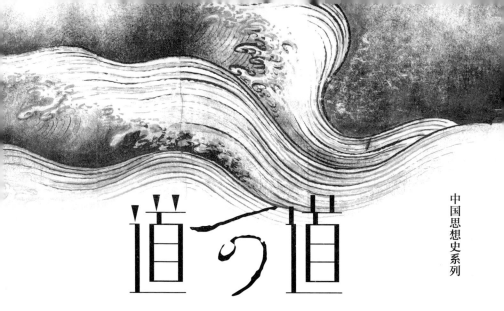

中国思想史系列

道可道

《老子》的
要义与诘难

熊逸　作品

北京联合出版公司
Beijing United Publishing Co.,Ltd.

图书在版编目（CIP）数据

道可道：《老子》的要义与诘难 / 熊逸著. — 北京：北京联合
出版公司，2018.5（2022.4重印）

ISBN 978-7-5596-1512-1

Ⅰ . ①道… Ⅱ . ①熊… Ⅲ . ①道家 ②《道德经》—研究
Ⅳ . ①B223.15

中国版本图书馆CIP数据核字（2018）第007871号

道可道：《老子》的要义与诘难

作　者：熊　逸
责任编辑：熊　娟
产品经理：张其鑫
特约编辑：丛龙艳

- -

北京联合出版公司出版
（北京市西城区德外大街83号楼9层　100088）
北京联合天畅发行公司发行
三河市信达兴印刷有限公司印刷　新华书店经销
字数 190千字　880毫米×1270毫米　1/32　印张 9.25
2018年5月第1版　2022年4月第8次印刷
ISBN 978-7-5596-1512-1
定价：56.00元

- -

题记一

钱锺书先生讲过,《老子》所谓师法天地自然,不过是借天地自然来做比喻罢了,并不真以它们为师。从水的特性上悟到人应该"弱其志",从山谷的特性上悟到人应该"虚其心",这种出位的异想、旁通的歧径,在写作上叫作寓言,在逻辑学上叫作类比,可以晓谕,不能证实,更不能作为思辨的依据。

钱先生是把《老子》当作一个纯粹的学术研究对象加以分析的,可想而知的是,他的《管锥编》如果不是写得足够晦涩难懂,恐怕早就招来人民群众的一片骂声了。对待传统经典,有些人喜欢站在巨人的肩上,但更多的人喜欢跪在巨人的脚下。

做自然人，还是做文明人，这是道家和儒家的一大分歧。举一个很简单的切身的例子：你今天的晚餐食谱是羊肉烧烤，厨师正磨刀霍霍准备宰羊，你该怎么做呢？

人类的天性就是杂食，所以人吃羊是"自然"的；而恻隐之心也是人类的天性，所以你不忍心看到小羊被杀也是"自然"的。孟子就折中地解决过这个问题：羊当然可以杀，可以吃，只是君子应该远离厨房，避免看到羊被宰杀的残忍过程。——小人有没有恻隐之心，孟子就不管了。

这个道理引申之，如果我们手持先进武器，突然看到一只老虎在追捕一只小羊，我们应该怎么做呢？按照《老子》"圣人不仁"的标准，我们应该听之任之，不以自己的意志去干涉自然规律。但按照儒家的标准，即便我们知道老虎吃羊是不可改变的自然规律，也知道老虎并不是因为道德品质败坏才去捕食小羊的，还知道即便我们救下这一只小羊也救不下千万只小羊，我们至少还是应该开枪把"眼前的"这只老虎吓跑，把"眼前的"这只小羊救下来才对，非如此则是人性沦丧、毫无恻隐之心的表现，也就不成其为君子了。

自　序

　　这本书更多地把《老子》拉到形而下的层面上来辨析，重点着眼于它在政治学和社会学上的意义。并不是我特意选取了这个角度，而是我以为《老子》原本的关注焦点就是形而下的，这在书中会有相应的论述，连带着对前人的一些导向形而上的成说也有相应的辩驳。

　　在这样的视角确立之后，本书进而分析《老子》若干重点议题的来龙去脉，考察《老子》特殊的论证方式和理论的自洽性，站在前辈学者的肩膀上略有一己之得。力有未逮，谨供方家批判。

熊　逸

目　录

道可道

1

　　"道可道，非常道。"在进入正题之前，先要澄清一个流传较广的误解。南怀瑾老先生讲过："有人解释《老子》第一章首句的第二个'道'字，便是一般所谓'常言道'的意思，也就是说话的意思。其实，这是不大合理的。因为把说话或话说用'道'字来代表，那是唐宋之间的口头语。"（《老子他说》）

　　但事实是，唐宋以前"道"就有了"说"的意思，比如《史记·刺客列传》，燕太子丹和鞠武商量着怎么安置从秦国逃过来的樊於期将军，鞠武就说"且以雕鸷之秦，行怨暴之怒，岂足道哉"；《史记·李将军列传》，汉文帝很欣赏李广的勇武，但感叹他生不逢时，说李广如果生活在汉高帝刘邦的时代，"万户侯岂足道哉"。

　　更要紧的是，西汉前期的道家权威就已经用"说"来解释这个"道"了；在先秦的典籍里，"道"也已经有了"说"的意思，尽管并不多见，比如《荀子·非相》有"学者不道也"，《荀子·儒效》有"客有道曰……"，《诗经·鄘风·墙有茨》有"中冓之言，不可道也。所可道也，言之丑也"。[1]

所以，我这里还是继续依照传统，把"道可道，非常道"理解为"可以用言语表达的道，就不是常'道'"。

2

道，可道还是不可道，这是一个问题。形而下地说，正是这个问题把人群一分为二，相信"道可道"的是一种人，相信"道可道，非常道"的是另一种人。

前一种人偏于理性，喜欢探求知识，凡事讲逻辑、讲证据，如果想要他们相信你的话，你就需要提供给他们足够的证据，由着他们去辨析、检验，直到确认无误为止。而且他们也甘愿承受许多没有答案的问题，信者存信，疑者存疑。这种人接受新东西，靠的是一个字：懂。

后一种人却不同，他们也许会鄙薄前一种人，认为那种人即便有时也会欣赏美色，但能够欣赏的至多不过是那类"红红的脸、膀宽腰圆、骨骼粗大、肌肉丰满的生理学上的美人"——这是二叶亭四迷在《浮

---

1 不只是汉语有这种情况，钱锺书先生言，古希腊文"道"（logos）兼"理"（ratio）与"言"（oratio），可以相参。（《管锥编》）这不知道是巧合还是有什么深意。张隆溪先生认为这或许只是一种巧合，但这种巧合也点出了这个思与言的问题或辩证是东西方共有的，尽管表现为不同的形式。（*Qian Zhongshu on Philosophical and Mystical Paradoxes in the Laozi*）

云》里的一个绝佳形容。而他们自己，偏于感性，对逻辑和证据并不太在意，如果你想要他们相信你的话，任你给出再充足的证据、再严密的推理，也不会有多大作用，关键要看你的话能否打动他们。

他们的思考方式，用诗人波德莱尔的话说，就是"音乐式的和绘画式的，不耍弄诡辩，不使用三段论，也不用演绎法"。但对于证实，"除非在我们的脉搏上得到证实，哲学上的定理也还不能算作定理"——这是济慈的话，还是诗人的语言。

再有，他们通常也不大容易接受许多没有答案的问题。他们需要斩钉截铁的答案，而无论这样的答案是否有着足够的证据来做支撑。他们接受新东西，靠的是另一个字：悟。

所以，道，到底能不能被讲清楚，这虽然也取决于讲述者，但更加取决于听众。甚至对后一种人来说，不讲清楚或者讲不清楚才是最好的结果，毕竟人生总需要一点神神秘秘、高深莫测的东西，也只有这样的东西才适合作为一个人的永恒的精神支柱。也许正是出于同样的感受，伯特兰·罗素在谈论伟大的柏拉图的时候，才会以这样一句话作为开场白："颂扬柏拉图——但不是理解柏拉图——总归是正确的。这正是伟大人物们的共同命运。"

所以许多人愿意相信（"愿意相信"往往就直接和"相信"画等号了），我们的一位名叫李耳的祖先已经在两千多年前洞悉了天地间最核心的规律，并且用一种神秘的语言启示世人。于是，无论是今天的中华民族将要在世界上崛起，还是张三、李四把自身升华到一种至高无上的精神境界，都仰赖于对《老子》这部书的悉心感悟。

也就是说，《老子》这部书上可以洞彻天机，中可以安邦定国，下可以作为一个人的励志枕边书，指导任何时代的任何人如何修身养性，如何为人处事，甚至如何缓解失恋的痛苦，如何挨过失业的打击。也许，当我们被黑心老板无故克扣了大把工钱，正犹豫着要不要争取自己的合法权益的时候，"算了吧，"我们毕竟还可以这样安慰自己，"夫唯不争，故天下莫能与之争。"

当然，我并不是说这种方法并不可取，亦不是说经由这种方法所获知的结论都是不可轻信的，因为事实上我很赞同威廉·詹姆士对于神学的一种主张："如果神学的各种观念被证明对具体的生活确有价值，那么在实用主义者看来，在确有这么多的价值这一意义上说，它就是真的了。"（《实用主义》）只不过这种方法并不被本书所取——并非因为偏见，只是出于趣味。

3

马歇尔·麦克卢汉是美国二十世纪六十年代的风云人物，他曾经力证过感性认知的无与伦比的优越性。保罗·约翰逊如此概括过他的理论："只有当诉诸多种感官的时候，人类相互间的交流才是最有效的。所以，生活在想象力高度发达的环境之下的原始人比现代人更快乐，并且其人格的发展也是更完善的。文字的发明使视觉成为人类最重要的交流手段，乃至有了印刷术，视觉就几乎成了唯一的交流方式了。人类因此而把自己局限住了，变得日趋贫乏，而且，印刷术的特性把交流框在了一种线性模式当中，人类的思维也就陷入了循规蹈矩的逻辑方法。电视的发明与普及打破了印刷这一线性模式的垄断，重新使生活变得丰富多彩。麦克卢汉的这一理论自然被大众传媒欣然接受，后者更把麦克卢汉造就成畅销书作家和世界知名人物。麦克卢汉在一些青年人当中也受到了欢迎，因为他似乎阐述了这样一个道理：从严肃的思考中得出理性与合乎逻辑的结论是不重要的，感性才是一切；所以，辍学的学生比优等生生活得更为充实，从生活中得到的益处也更多些。"(*Enemies of Society*)

保罗·约翰逊的确有点语带讥讽，并且对麦克卢汉的风靡一时颇不以为然："令人吃惊的是，麦克卢汉的理论从未受到有识之士的认真对待。"而今天的我们或许可以比保罗·约翰逊多一点宽容，毕竟麦克卢汉式的《老子》（就其论说方式及流行程度这双重意义而言）也许会令我们获益更多。

只是我这本书不大关心"获益"与否，甚至还会在济慈以诗意的语调询问"在冷冰冰的哲学的触摸下，是否所有的东西都会失去魅力"的时候，我竟然会点头称是。所以，有些读者最好就到此止步了。

感性一途于我或许永远都是 the road not taken（未走之路），而踏上的那条路自然也就是 the one less travelled（少有人走之路），这至少不讨出版社的喜欢，看上去也无趣得多。的确，《老子》这部书，如果要"悟"，可以悟得天花乱坠（我们可以说刘翔在成名之赛的那天清晨，就是因为突然悟到了《老子》

"不敢为天下先"的道理，所以才跑出了世界第一）；但如果要"懂"，那就费力多了。

　　所谓费力，需要分两个层面来说。在超验的层面上，就像孔丽维·柯恩归纳的那样："道"之所以无法用语言表达，是因为语言属于辨别力和知识领域的一部分，而"道"是超越它们的；语言是现实世界的一个产物，"道"则是超越现实世界的。"道"是先验的、无所不在的，它创造、构建整个宇宙，并赋之以秩序，它并不是宇宙的一个部分。（*The Taoist Experience : An Anthology*）

　　话虽如此，即便我们去看道教那些玄而又玄的典籍，比如著名的《道体论》（大约出于唐代），文章是用问答的形式，提问的人在得到答案之后有时还不敢肯定，于是乎多问一句"你是怎么知道的"，回答的人就会说"因为《老子》的哪段哪段是如何如何说的"。终归还是摆脱不了语言文本，没有放弃对信息来源的追究，也就是说，没做到"禅客相逢只弹指，此心能有几人知"的境界。[1]也许维特根斯坦说对了，语言的极限就是世界的极限。

　　而在形而下的层面来说，问题又要分成两点。

　　首先，要承认语言确实是一种很有局限性的工具，凡有描述，必有遗漏，就像任何一份中国地图也不可能"完整地"描述

---

1 另一方面，作为儒家一系的《周易·系辞》虽然也说过"书不尽言，言不尽意"，却认为圣人的意思借由卦、象和系辞被"完整地"表达了出来，而《老子》却没有给出一套类似于卦象的东西。但无论是卦还是象，仍然都是人类表达意义的符号，也就可以和语言一起被划入符号学的研究对象里。

出中国是什么样子。不过我们也得看到事情的另一面：没有人会需要一份比例尺是1∶1的地图。

莱布尼茨以为，我们的语言是依赖于知觉的，因此知觉所具有的模糊、歧义等缺陷，同样也表现在语言上。正是基于这个考虑，他才致力于发明一种"清晰的"符号体系，以使所有的问题都可以像数学题那样得到解决。但是很遗憾，我们恐怕看不到这一伟大想法的成功实现了。

其次，用世俗的眼光来看，《老子》的内容并没有深奥到言语无法表达、逻辑无法梳理的程度，它之所以难懂，只在于年代久远、材料匮乏。所以，不只是一部《老子》难懂，《论语》也难懂，《诗经》也难懂，《尚书》更难懂。胡适当年就说，"今日提倡读经的人们，梦里也没有想到五经至今还只是一半懂得、一半不懂得的东西"；王国维这样的大家也坦言说《诗经》他不懂的有十之一二，《尚书》他居然有一半都看不懂。（《我们今日还不配读经》）

4

难处虽大，难点虽多，但好在学术是不断进步的，这些年出土的新材料又这么多，虽然又带来了很多新问题，但一些横亘千年之久的老问题总算陆续被解开了。那么，那个神秘的"道"，终于能被说清了吗？

即便只从日常生活来看，不但"道"说不清，很多平凡细碎的事情也一样说不清。想象一下，你向全世界最好的画家描述你最熟悉的一位朋友，请画家根据你的描述为你的这位朋友画一幅肖像，他的画可以逼真到何种程度呢？

任凭你千言万语，你的描述也无法穷尽你这位朋友的所有特点。但令人欣慰的是，八九不离十的描述总还是可以做到的。同样地，老子对他心目中的"道"也做过这样一种约略的描绘：

> 视之不见，名曰夷；听之不闻，名曰希；搏之不得，名曰微。此三者不可致诘，故混而为一。其上不皦，其下不昧，绳绳兮不可名，复归于无物。是谓无状之状，无物之象，是谓惚恍。迎之不见其首，随之不见其后。
>
> 执古之道，以御今之有。能知古始，是谓道纪。
>
> （《老子》通行本第十四章）[1]

陈鼓应先生的翻译是："看它看不见，名叫'夷'；听它听不到，名叫'希'；摸它摸不着，名叫'微'。这三者的形象无从究诘，它是混沌一体的。它上面不显得光亮，它下面也不显得阴暗，它绵绵不绝而不可名状，一切的运动都会还回到不见物体的状态。这是没有形状的形状，不见物体的形象，叫它作'惚恍'。迎着它，看不见它的前头；随着它，却看不见它的后面。

---

1 本书正文引自《老子》通行本（八十一章本），以王弼本为底本，主要依陈鼓应先生《老子注译及评介》所作的校订。

把握着早已存在的'道'，来驾驭现在的具体事物。能够了解宇宙的原始，叫作'道'的规律。"（《老子注译及评介》）

　　既然"道"是无法言说的，这些描述便当然只是"道"的一点模糊的轮廓和模糊的感觉。但这里还有一点训诂上的争议——李零先生重新校订了文本，重点是把"执古之道"改作"执今之道"，论述说："我们跟在它的后面，顺着看，看不见它的尾巴；我们跑到它的前面，迎着看，又看不见它的头。它是一条线索。我们用今天的道，观察今天的世界，才能知道古代的事情，这就是所谓'道纪'（道是贯穿古今的一条线）……'执今之道，以御今之有。能知古始，是谓道纪'，这段话，帛书本和今本不一样，帛书本的意思是，既然道这个东西，'随而不见其后，迎而不见其首'，过去和将来，两者都很难知道，就必须从今天入手。只有用今天的道理弄清今天的事情，然后才能知道古代是什么样，原来是什么样。今本把'执今之道'改为'执古之道'，其实是窜改。这等于说，只有以古御今，才能懂得今。我看还是帛书本更好。"（《人往低处走》）

　　"道"就是混混沌沌、神龙不见首尾的这个样子，[1]《老子》到底要人"执古之道"还是"执今之道"呢？到底要人以古御今还是以今推古呢？若依我看，还是前者更加站得住脚。之所以得出

---

1 可以参照的是，《庄子·天运》描写黄帝在原野上奏起《咸池》之乐，从上下文推断，这里的乐声就是对"道"的一种隐喻：黄帝用阴阳的和谐来演奏，用日月的光明来照耀，听者于是乎"虑之而不能知也，望之而不能见也，逐之而不能及也"。

这个结论，这要从《老子》这一章里的"道纪"谈起。

所谓"道纪"，陈鼓应先生释作"道的规律"，李零先生则以为是"道是贯穿古今的一条线"，这两种解释恐怕都不准确。

《说文解字》："统，纪也。"释"纪"为"丝别也"，段玉裁注释说：每根丝线都有个线头，这就是"纪"，一堆丝线都把线头束起来，这就是"统"。《淮南子·泰族》有一处"统""纪"连称，颇能说明问题："茧之性为丝，然非得工女煮以热汤而抽其统纪，则不能成丝。"这是在说人性需要加以引导的道理，用缫丝来做比喻，说蚕茧是可以从中抽丝的，但如果不经过女工用开水煮熬，抽出蚕茧的"统纪"，那是怎么也抽不出丝线的。

这个"统纪"的意思就很明显了，是指丝线的线头。那么"道纪"也就该是道的线头，即《老子》本章所谓的"古始"（能知古始，是谓道纪）。我们可以把它领会为道之原，或者道之本。这样理解，既有训诂上的妥帖依据，上下文也变得畅通无碍了。[1]

魏晋玄学时代的天才少年，古代最著名的《老子》注释家王弼说过，《老子》之书，如果一言以蔽之，核心思想不过是四个字：崇本息末。再具体一点来讲，就是"观其所由，寻其所归，言不远宗，事不失主"。（《老子微旨例略》）也就是说，《老子》

---

[1] 另一个可以参考的例证是《庄子·达生》的"而藏乎无端之纪"。马叙伦说"纪"借为"基"，被陈鼓应在《庄子今注今译》里采信。但是，这个假借关系本身虽然成立，用在这里却多此一举。所谓"无端之纪"，也就是"无端之端"，既合训诂，又可以顺畅地贯通上下文。

之道如果可以比喻为种树的话，就是要人多在树根上下功夫，而不要总是把心思花在枝枝叶叶上。至于到底何为本、何为末，这就只有仁者见仁、智者见智了。[1]

王弼这个归纳即便在今天看来仍然不错，"道纪"自然也是从根源上入手，"随而不见其后，迎而不见其首"更像是对道的状态的描述，渲染它那神龙不见首尾的姿态，而不必把"随"与"迎"从字面上引申到仅仅是时间层面上的"过去和将来"，何况这种引申在语法上也得不到足够的支持。

在《老子》那里，道，就是万事万物的本源，而我们仍然可以沿用种树那个例子，培其本自然可以育其末，事半而功倍，枝叶就算得不到任何照顾也会长得很好；但如果反过来搞，就会事倍功半，甚至招灾惹祸。从这个意义上看，自然应该是"执古之道，以御今之有"，要人以"道"统御万物，而不是"执今之道，以御今之有"。——在王弼那里，这并不是一个或此或彼的问题，因为"古今通，终始同；执古可以御今，证今可以知古"，这就是《老子》所谓的"常"。(《老子微旨例略》)

王弼也是易学专家，喜欢援《易》入《老》。在他看来，《老子》与《周易》是相通的，《老子》的核心是"崇本息末"，《周易》的核心是"执一统众"，政治就应该这么搞。马王堆帛书《十大经·道原》也说："得道之本，握少以知多；得事之要，操正以正奇。"这是道家黄老一系的政治要领。

---

1 譬如王夫之论及汉初政治，就把崇本抑末等同于重农抑商，认为汉高帝在这一点做得不错。(《读通鉴论》卷二)而在今天看来，仍然赞成这样的本末关系的人恐怕已经不多了。

这话说得好像有一点形而下了，失去了《老子》的神秘光环。不过，在进入《老子》文本之前，有必要了解的一个重要问题是：《老子》并不是一部严格意义上的哲学著作，它重点关心的并不是宇宙生成论或者本体论之类的问题，而是政治哲学（或者说是为政之道）的问题，它的进言对象也不是官僚或者百姓，而是国家统治者，也就是《老子》常常提到的"圣人"。

那么，怎样才能把政治搞好呢？把握"道纪"，也就是王弼所谓的"崇本息末"，表面看来是以古御今，实际却是以本御末，以"合于道"的政治方针来统御万民。——儒家和道家都讲无为而治，而这里正是儒、道两种无为方案的区别所在：道家的无为在于"崇本息末"，也就是"动于本，成于末"；而儒家的无为则是"动于近，成于远"。这是两种完全不同的政治方略，名同而实异，然而有些学者把这两种无为混为一谈了，以至于认为《论语》里的无为之道是被后人增窜而来的。

《吕氏春秋·先己》谈到孔子论诗，《诗》曰："执辔如组。"孔子说："把这句诗搞明白，就足够治理天下了。"——"执辔如组"于《诗经》凡两见，一是《邶风·简兮》，二是《郑风·叔于田》，意思是说：驾车时握着缰绳就像编织丝带一样。

对孔子的话，子贡答了一句："照这个意思，也太急躁了吧！"

子贡大概是觉得驾车也好，编织丝带也好，手上总也不得停歇，难免有急躁之嫌。这种引申其实也很有道理，但显然不是孔子所要表达的意思。孔子说："这句诗不是在说驾车的人动作急躁，而是以编织丝带为喻：丝线在手上打转，花纹在手外成形。同样地，圣人修身而大业成于天下。所以子华子说：'丘陵成形了，穴居动物就安生了；江河成形了，鱼虾就有地方安生了；松柏茂盛了，旅人就有地方歇脚了。'"（《吕氏春秋·先己》）

《毛诗》阐释这个丝带的比喻，说"动于近，成于远"，郑玄说这是"御众之德"，按现在的学科划分属于组织行为学。这个意思很像是"运筹帷幄之中，决胜千里之外"，但运筹帷幄还属于"有所为"，是在帷幄之中处心积虑地要想出具体的对策来"决胜千里之外"。而孔子的意思则近乎"无所为"，并不是针对什么具体事情来思考具体办法，而是没有什么具体目的地关起门来修身——天下事纷纷扰扰你不用去操心，只要踏踏实实地把自身修养提高了，天下自然就会安定。这一逻辑，至少直到明清时代还被官方沿袭着。

5

孔子讲的东西总是切中现实政治，老子也是一样，他们纵然谈论玄而又玄的天道，标靶却是近而又近的人事，尽管我们总是把老子想象得更加玄妙而高远。

《老子》既然有特定的读者对象，有特定的内容针对性，那么，作为平头百姓的我们自然也不妨旁听一下。虽然《老子》的"道"恍惚混沌、不见首尾，但这应该不会构成多大的阅读障碍，因为它的核心内容并不是这些，而是实实在在的、能被当时的统治者们听懂的政治方略。在这个意义上说，"道"总还有其"可道"的一面。

但我知道，很多人还是愿意相信"道"是讲不出的，老子之所以写下五千言，只是因为他在一次出关的时候，被守关人看出了他身上的不凡之气，硬逼他写下点什么。这是一个流传很广、含义也很深刻的传说，唯一的遗憾就是与事实不符。那么，接下来的正文不妨就从这个传说入手。

第一章

关于老子的传闻

1

　　《老子》并非成于一时一人之手，这其实是个老话题了。当年郭沫若就曾在文本之中找出过铁证，证明《老子》一书"毫无疑问成于后人之手，其中虽然保存有老聃遗说，但多是'发明旨意'式的发挥，并非如《论语》那样比较实事求是的记述"。（《十批判书》）

　　对著作权的尊重的确是很晚以后才渐次形成的，这应当是文明发展中的一则普遍规律，整个世界都是这样的，这甚至会表现在宗教信徒对宗教文本的处理上。[1]

　　《老子》的文本流变如今有了新的参考：1993年，郭店楚墓出土了一批战国竹简，其中就有三个不同版本的《老子》，抄写年代也不相同。这是迄今发现的最早的《老子》版本，于是我们只要参照《老子》的郭店楚简本、马王堆帛书本和通行本，就会发现，《老子》并非成于一人一时，而是在一个相当长的时间里，经过不同的手，被不断积累、不断修订、不断完善，其中既有道家后学的发挥，也有注释羼入正文，更有才疏学浅的后人因为看不懂文义而妄加修改……经历过所有这一

---

1 譬如公元二世纪上半叶基督教世界里被定为诺斯替异端的马西昂，认为使徒书信受到过一些决意维护犹太传统的无名人士的篡改，甚至使徒本人也严重曲解了耶稣的原意，所以他自己动手修改了圣保罗的书信。他这样做丝毫不出于亵渎的动机，相反，圣保罗是他相当景仰的人，但他相信，经他修改过的圣保罗书信才是圣保罗的原作。

切，终于才有了我们熟悉的这五千言。[1]而这五千言里许多的"神秘莫测"，原来也只不过是因为文字出错了。

那么，至少老子应该是《老子》一书的第一作者吧，或者他其实什么都没写，只是他的学生或听众断续抄录过他说过的一些话，后来又有人不断地增补和改写？老子到底生活在哪个时代，是怎样的一个人呢？——这些问题我们都还说不清。早在1936年，罗根泽先生为他主编的《古史辨》第六册作序，说单是这套书里考据老子年代的文章就已经有三十多万字了，不要说旁观者望而却步，就连参加辩论的当事人都头痛了。

的确，这实在是个思想史上的大难题，当初就连距离老子时代很近的司马迁也是一头雾水。

《史记·老子韩非列传》对老子的生平一共给出了三个版本。第一个版本说，老子是楚国苦县厉乡曲仁里人，姓李，名耳，字聃，在周王室的藏书室担任史官。孔子经过周都，想要向老子请教礼的问题。老子说："你说的这个礼呀，制定它的人早就死得骨头都烂了，只剩下他的言论了。再者说，君子如果遇到合适的时机就出仕搞一番作为，如果时机不对就与世俯仰。我听说，精明的商人会把货物深藏起来，好像两袖空空，什么都没有，君子于世也是一样的道理，心里德行高，表面样子憨。所以，请去掉你的骄傲和太多的欲望吧，这对你没什么

---

1 也有学者认为，先是有了一个成于一人一时之手的《老子》祖本，而后才有了郭店楚简这样的摘抄本。这种说法，在我看来证据不足，所以本文不取。但即便是摘抄说，也否认不了通行本《老子》中后人增篡的痕迹。

好处。我能告诉你的也就是这些了。"

孔子告辞之后，对弟子们说："我知道鸟能飞、鱼能游、兽能跑，能跑的可以网住它，会游的可以钓起它，会飞的可以射中它。但对龙我就没办法了，它可以乘风云而上天。我见到老子了，他就像龙一样呀。"

老子修道德，他的学问以自隐无名为主旨。老子在周都住了很久，见到周王室衰落就离开了。出关的时候，关口的守卫很高兴，说道："您就要隐居了，在此之前一定为我写一部书。"于是老子就写了一本书，分为上下两篇，一共五千多字，然后就出关而去了，没有人知道他的下落。

这就是老子生平的第一个版本，也是最为我们熟知的版本。老子关于礼的那两句话不是很好懂，而这恰恰是《老子》思想的一个精髓。要理解这句话，有必要参照《庄子·天道》里的一则故事：

这一天，齐桓公正在堂上读书，轮扁（做轮子的工匠，名扁）在堂下做着车轮，跟齐桓公搭话道："您看什么书呢？"

齐桓公道："我看的是圣人的书。"

轮扁问道："这圣人还活着吗？"

齐桓公答道："已经死了。"

轮扁道："那么，您看的书不过是圣人留下来的糟粕罢了。"

齐桓公怒道："寡人读书，岂能容你放肆。你今天要是说不出个理由，我非杀你不可！"

轮扁当真说出了一番大道理："我是个做车轮子的工人，我就从我的本职工作说起吧。一个轮子，不同部件接合的地方是最难把握的，做得紧了就不容易接在一起，做得松了又容易脱落，一定得做到不松不紧刚刚好，妙到毫巅，差一分一毫都不行。可是，这门手艺我虽然很在行，可最精妙的部分我却没法传给儿子，我儿子也没法从我这里学到，这都是因为手艺里那些真正的精髓是难以言传的。圣人的书也是同样的道理——圣人死了，带着他的思想中那些难以言传的精髓一起离我们而去了，只剩下一些糟粕留了下来，喏，就是您看的书上的那些文字呀。"

　　《庄子》说，这就叫"知者不言，言者不知"（这话也见通行本《老子》第五十六章）。[1]《淮南子》也讲过这个故事，以之论证的就是那句最为我们熟悉的《老子》名言："道可道，非常道；名可名，非常名。"那么这番道理究竟能否站得住脚？乍看上去，至少表达能力和理解能力弱的人更容易认同它，艺术家们无疑也会赞同这个说法，但是，那些精确到无以复加的科学定理难道都是糟粕不成？

　　轮扁那番说辞看似高明，其实逻辑并不严密。齐桓公当时至少有三个问题可以追问：

　　（1）这门手艺的精髓，是只有你轮扁讲不出，还是你所有的同行都讲不出？

---

[1]《庄子·天道》在轮扁的故事之前，有一段综论式的言说：世人所珍视的道载于书籍，书籍不过是语言的记录，语言的可贵之处是意义，意义有所指向，而意义的指向不可言传。世人因为珍视语言才珍视书籍，我却以为书籍并不是真正可贵的。眼睛能够看到的是形与色，耳朵能够听到的是名与声，可叹世人以为从形色和名声就可以得到实情。如果形色和名声不足以让人得到实情，那么知者不言，言者不知，但世人哪里理解得了呢？

（2）是限于当前的技术条件和表达能力而讲不出，还是不论技术条件和表达能力提高到何种程度也都讲不出？

（3）如果这门手艺的精髓可以言传，你儿子就能学会吗？

如果让轮扁管理一个现代车间，看来自动化生产是做不到了。所以，要思考这个问题，首先我们得带入一点历史感。先秦时期，人们的理性思维还很不发达，即便是孟子、庄子这样顶尖的辩论高手也出过不少逻辑漏洞，他们在今天想来是考不过GMAT或者MBA的逻辑测验的，所以他们遇到的表达困难自然比我们更多。[1]他们带给后人的与其说是什么严密的思想体系，不如说是"启发性"的一系列思想碎片。[2]

但是，话说回来，《老子》可能考虑到这个问题吗？

看来我们还有必要重新考虑一下《老子》在先秦时代的读者对象。的确，这个问题将会在政治学的层面上得到相当精辟的解释。它还将在魏晋时代掀起一场叛逆的思想波澜，甚至还会在英国近代的个人主

---

1 所以胡适先生以为，大概哲学观念初起的时代，名词不完备，故说理不能周密。试看老子说"吾无以名之""强名之"，可见他用名词的困难。他提出了一个"道"的观念，当此名词不完备的时代，形容不出这个"道"究竟是怎样一个事物，故用那空空洞洞的虚字，来说那无为而无不为的道，却不知道"无"是对于"有"的名词，所指的是那无形体的空洞，如何可以代表那无为而无不为的"道"？（《中国哲学史大纲》）但胡适的这个说法在《庄子》那里遇到挑战。《庄子》已经非常擅用名词概念，论证手法也远比《老子》成熟，但仍然时时强调着"道"的不可言说和强为之说。或者这是一种路径依赖，或者这说明以《庄子》的完备之名词和周密之论证，仍不能把"道"说个清楚。

2 Bryan W. Van Norden在研究《老子》的时候这样说过："一些人会反对说，我的方法论看上去采用了这样一个假设，即一段文本确实存在着一种正确的解读。事实上，我从没做过这样的假定。从一开始，不同领域的读者就可以成功地以不同的方式阅读文本。语言学家、社会历史学家，还有哲学家，他们当然可以彼此学习，但因为他们提出的是不同的问题，所以总会从同一段文本里得到不同的答案。即便在同一个学科里，对任何一段复杂的文本也会有不同的关注点。"好在Norden还做了一个似乎毫无必要却实在大有必要的补充："不存在唯一的正确，这并不意味着所有的解释都是对的。"（*Method in the Madness of the Laozi*）

义理论家那里得到热情的回应，尽管《老子》一书的作者未必真有那么高瞻远瞩。不过，这里先不展开，留到后文再做讨论。

眼下更加值得我们关注的是，当《淮南子》用轮扁的故事来阐明"道可道，非常道"的时候，表现的是一个西汉的道家权威组织的权威意见。这个解说是如此之朴素，以至于我们很难相信这是真的——难道"道可道，非常道"所暗示的不应该是某种玄而又玄的神秘主义宇宙论吗？

的确，我们随手就可以找到许多的这类论述。如果我们可以画一个时间轴的话，就会发现，对《老子》的阐释是越往后越深刻的，甚至会让人产生出这样一种奇异的感觉：与其说是《老子》精妙阐释了宇宙的至理，不如说是宇宙一直在身体力行地向《老子》学习。

2

话说回来，孔子向老子问礼，这件事的可靠程度究竟有多大呢？如果属实，道家难免就会引以为傲了。近代修仙的大名人陈撄宁就做过这样一番振聋发聩式的推理：孔子亲口说过自己"述而不作，信而好古"（大前提），孔子曾向老子求教（小前提），所以儒家源于道家（结论）。¹这个三段论虽然很不牢靠，不过信仰中人往往更加关注结论。

若当真寻找证据的话，问礼的事《庄子》也有记载，但《庄子》最喜欢用寓言来编排名人，里面那些故事很难让人当真。在儒家自己的典籍里，《礼记》倒是讲过同样的事情，而且是孔子亲口讲的。

事情是这样的，有一天，曾子向老师孔子请教一个礼的技术性问题："死者要入土了，运送灵柩的车子在半路上突然遇到了日食，这该怎么办呢？"孔子说："这种情况我以前当真遇到过，那一次是和老聃一起为某户人家主持葬礼。

"当时老聃对我说：'把柩车停下来，先靠在路的右边。大家也别哭了，等等看日食有什么变化。'就这样，等到日食过去了，柩车才继续前进。

"那时候我问老聃：'依礼来说，柩车只要上了路就不能再返回了，日食又不知道要多长时间才能结束，难道柩车就要一直停着等日食结束吗？'

"老聃答道：'依礼来说，诸侯朝见天子，日出动身，日落就要歇宿，祭奠一下随行带着的祖先牌位。大夫出使，也是日出动身，日落歇宿。柩车不能太早出门，也不能停在半途上。披星戴月赶路的大概只有罪犯和为父母奔丧的人，而日食的时候谁知道天空会不会暗到出现星星呢？柩车可不能披星戴月地赶路。君子施行礼仪，可不能使别

---

1 陈撄宁甚至做出过更加惊人的推论，说先秦诸子百家都出自道家。（《论〈四库提要〉不识道家学术之全体》）但他确实触到了一个要点："在一个更加宽泛的意义上，中国所有的哲学和文化都可以被称为道家，因为'道'的概念尽管会以这种或那种形式出现，但它正是传统中国思想的核心。"（*The Guiding Light of Lao Tzu*, by Henry Wei）另外，"道教"这个词在相当长的时间里是被人们用来称呼儒家的。

人的双亲受到侮辱呀。'"（《礼记·曾子问》）

从孔子的这段回忆来看，他确实向老子问过礼，老子确实也很懂礼，甚至比孔子更懂。[1]儒家所谓的礼，一种很常见的英文对译是rituals或rites。就像这个葬礼问题一样，还有宾礼、冠礼等，每一个纲目之下都有数不清的繁文缛节，所以墨子批评说："儒家的学问是几辈子也学不完的。"（《墨子·非儒》）齐国名相晏婴也对孔子之学有过这样一句极著名的评语："累世不能殚其学，当年不能究其礼。"（《史记·孔子世家》）现在很多人都觉得，只要通读过一部《论语》就可以畅谈儒学了，这对古人来说是不可想象的。

如果我们穿越到那个时代，想亲身钻研百家之学的话，对道家之学听几个讲座就差不多了，但对儒家之学就至少要学上很多年才行。所以儒者不是只谈政治理论和修身处世的，他们在当时首先要算高级技术人才，其次才是理论家。这个问题是常常被人忽视甚至误解的。

今天讲起儒家，往往都说"儒家思想"，是放在哲学史里来讲的，所以造成许多人都以为儒家的内容就是"思想"——要么是人生哲学，要么是政治哲学，都是务虚的，而这恰恰忽视了儒家务实的、最具实践性的一面：礼学。比如王阳明，我们都说他的心学思想如何如何，但他首先是个礼学大师，他把思想付诸施政的、可以让人明明白白看清楚的，主要也是礼学那套。

话说回来，对这些令人望而生畏的繁文缛节，孔子是专家，老子

---

1 在《礼记·曾子问》里，孔子回忆老聃关于礼的教导，除了这一条之外，还有两则记载。《吕氏春秋·当染》也说过孔子学于老聃。

竟然更是专家！现在，一个麻烦的问题出现了：如果《礼记》的记载证实了《史记》当中老子生平的第一个版本，即孔子确实曾向老子问礼，但我们又知道在礼的问题上，儒家和道家一向是针锋相对的，谁能相信老子竟然谈起礼来，而且比孔子还在行呢？

回顾《史记》的记载，本身就疑云重重。司马迁说老子"姓李氏，名耳，字聃"，秦汉之际的社会结构发生了天翻地覆的变化，司马迁已经搞不清姓和氏的区别了，而"老聃"一词也只是对长寿老人的通称。据钱穆考证，李耳应当是离耳的讹传，原义只是指长耳朵的老者。（《庄老通辨》）

那位强求老子写下五千言的关口守卫也很可疑。《史记》原文说："关令尹喜曰：'子将隐矣，强为我著书。'"许多人都把"关令"当作官职，"尹喜"当作人名，于是"关令尹喜"就被理解为一位叫作尹喜的关令。实则这个"喜"只是"喜悦"的意思，令尹是楚官，不是周官，而且担任令尹的人也不可能去守关，就像国家总理不可能去管理一个乡镇一样。

于是，最合理的推测是：关令尹就是关尹，也就是诸子百家里的关尹子，在当时也算是个名人。《吕氏春秋·不二》各以一个字评点百家之学，说："老聃贵柔，孔子贵仁，墨翟贵廉，关尹贵清……"郭店楚墓和《老子》一同出土的一篇《太一生水》，便被李学勤等学者推测为关尹一系的文献，虽然还没有足够的证据。

3

　　再来看看司马迁给出的第二个版本。这一版本的内容太少，只说老子很可能就是楚国的老莱子，老莱子曾经著书十五篇，讲的都是道家之用。他和孔子是同时代的人。这位老子活了一百六十多岁，也有人说他活了二百多岁，因为修道养生，所以长寿。[1]

　　这个说法在两汉应该流行过，因为王充就曾以他那副招牌式的、一贯与世人唱反调的口吻说过："有些人以为修老子之道可以成仙，于是也学着恬淡无欲、养精受气，可这些人也不想想，鸟兽活得难道不比人类以更加贴近自然吗，可它们别说成仙，寿命还不如人类呢。花花草草们更加恬淡寡欲、顺应自然，可是呢，春生秋死，还不如鸟兽呢。老子也许本来就是个长寿的人，长寿和他的道术未必真有因果关系，只不过世人看他既长寿，又修恬淡之道，就想当然地相信这两件事是一因一果的关系。"（《论衡·道虚》）

　　王充这番话简直预见性地道出了休谟思想的精髓，更有意思的是，王充不但不是道家的反对者，甚至根本就是道家内部的人。再有，不管王充对道术有多大的意见，至少连他自己也相信老子的长寿——在

---

[1] 李零先生从字形的训诂出发，推测老子和老莱子很可能是同一个人。说法很在理，详情见《老李子和老莱子》。

《论衡·气寿》里，王充推测一百岁大概是人类的正常寿限，至于每个人具体能活多久，这主要取决于各自先天的元气禀赋，体质好的人活到三百岁也算正常，所以老子能活到二百多岁也不算什么太离奇的事。

从王充所反对的论调里，我们还可以看出老子的形象在从先秦以至两汉的这段时间里已经多大程度地走样了。用苏为德（Hubert Seiwert）的话说，对长生不朽的追求并不见于《老子》最初的教诲，而是另有一些来源，可以追溯到公元前四世纪的齐国和燕国的国君，他们曾经派出使团去寻访海上的仙岛。（*Popular Religious Movements and Heterodox Sects in Chinese History*，第43页）看上去像是在那个弥漫着神仙传说的北方沿海传统里，老子因其最适宜的形象被拉去做了形象代言人。

老子的身世还有第三个版本，司马迁讲：孔子死后又过了一百二十九年，史书上记载有周王室的太史儋见秦献公，说道："秦与周本来是合在一起的，五百年之后就分开了，分开七十年之后就会有霸王出世。"有人说这位太史儋就是老子，也有人说不是，全天下也没人知道到底是不是。

这两个版本里的老子，一个像是身怀高深道术的仙人，一个像是先知兼投机分子。老子难道真就这样高悬云端、不着一点实地吗？也不尽然，司马迁很肯定地说，老子还有后人：他的儿子叫李宗，做过魏国的将军，被封在了段干。李宗生了李注，李注生了李宫，李宫的玄孙叫李假，在汉文帝的朝中做过官。李假的儿子叫李解，做了胶西王的太傅，在齐地安了家。

连家谱都一清二楚了，而且李假和李解基本算是司马迁的同时代人，还都是官场中的同僚，这应该不会有错了吧？但问题是，如果这家谱是真的，魏国是"韩赵魏三家分晋"之后才有的，春秋时候还没有立国，老子的儿子既然在魏国做将军，老子本人的生活时代恐怕就晚于孔子了。

另一方面，老子如果有儿有孙，就说明他还没有清心寡欲到独身主义的地步。当然，苦行主义兴起之前，在许多道家后学和道教信徒看来，行房也是一种重要的修行。在汉朝的《列仙传》[1]里，老子俨然就有一副房中术大师的姿态（"房中术"的英译名是sexual yoga，即"性的瑜伽"，最方便我们顾名思义），他很擅长养精养气，行房而不射精。但我想，李假和李解他们大概不会赞同这种说法吧。

说到这里，自然引出了一个比较八卦的问题：孔子香火代代传，按照辈分一直传到了今天，那么，如果司马迁给出的家谱属实，老子的后代哪里去了呢？

唐朝皇帝为了自高身份，攀附老子做远祖，为此还真的花了很大的气力去寻找老子嫡传的后裔，但终于没有找到。根据何炳棣先生的推断，在"七国之乱"的时候，胶西王那里受到了汉景帝的铁腕大清洗，覆巢之下焉有完卵，供职于胶西的李解和他的家人想来没可能逃过此劫。（《司马谈、迁与老子年代》）

1《列仙传》旧题为西汉刘向所作，自宋代以来学者们大多怀疑它是东汉的作品。

第二章

先秦道家的流派

1

我们不得不感叹老子确实像龙，神龙不见首尾。不过诸子百家中还有很多人比他更加神龙不见首尾，其中有不少都是道家人物。这也难怪，道家的人物本来就很有些隐士风格。[1]

说到先秦道家的人物，最重要的材料就是《庄子·天下》，它可以说是中国最早的一部学术史论文。冯友兰先生以为，这篇文章"以道家为主，认为其发展有三个阶段。……第一阶段的代表人物是彭蒙、田骈、慎到，第二阶段是老聃，第三阶段是庄周"。(《中国哲学史新编》)——但这么说，恐怕还有一点未决的疑义。

《庄子·天下》分析方术和道术，李零先生认为这里所谓的方术是古代的技术，即数术方技和治国用兵之术，而道术是指思想，百家之学就是从道术当中分化出来的。(《人往低处走》)但从《庄子·天下》的上下文看，道术和方术似乎并非截然两类，而是整体与部分的关

---

[1] 不过隐士并不都是山野里的穷人，比如齐国的稷下先生们"不治而议论"，既得到了不做官的高名，又享受着政府优厚的特殊津贴，田骈就是这样的一个人，孟子就对这种作风非常不满。另外，即便按照道家而非儒家的标准，中国的隐士也和印度的隐修之士大不相同，前者基于被动的人生选择，后者则基于主动的人生选择。《庄子·缮性》说，所谓隐，并不是自己愿意隐藏起来，而是因为与世道不合。如果遇到合适的时机而大行于天下，就返回"至一"的境界而不显露行迹；如果时机不合适，处处碰壁，就潜藏而等待，这就是存身之道。《庄子·秋水》拟孔子的话说：在尧舜的时代，天下没有不得志的人，这并不是因为他们的智慧超卓；在桀纣的时代，天下没有得志的人，这也不是因为他们的才能低劣。

系，所谓方术也就是道术的"一个方面"。

《庄子·天下》说，现在的诸子百家之学其实都是古代圣人之道散落的遗存。在上古的黄金时代里，一切都是完备的，那些道术、法规、典章制度现在仍然散布天下，被诸子百家们经常称引。但是，世道大乱了，天下之人各执一端，割裂了古时候那完备而浑然的道术，却以为自己所持的就是全部。

这个说法虽然很有些理想色彩，却很可能说中了一个要害：诸子百家的学问很有可能都是来源于古时的官学，每种官学都是一个整体的政治格局中的一个有机部分，后来礼崩乐坏，官学失守，私学兴起，本来属于上层社会的知识渐渐下及民间了，就像中国帝制结束以后，老百姓只要肯花钱，就也能吃上御膳了。

《庄子·天下》接下来评论诸子的学问，都是先说古时候有某某学问，最近有某某人听说了之后很喜欢，于是按照自己的理解去学去做。而耐人寻味的是，《庄子·天下》通篇没提儒家，却基本都是道家；但若说这是道家的学术史，偏偏又是以墨翟师徒开头的。

继续看《庄子·天下》，接下来的是宋钘和尹文，他们的风格介于墨家和道家之间，再接下来就是所谓先秦道家三个阶段的代表人物了。这个叙述顺序匪夷所思，再加上前边的疑点，令人感觉道家像是从墨家演变来的，甚至具备了明显的中间形态。

这个疑惑现在只能搁置，接着看下去，《庄子·天下》便开始进入被冯友兰先生称为先秦道家第一阶段的几位名人了，他们是彭蒙、田骈和慎到。在他们的主张里已经有了反智主义的倾向，主张顺任自然，无知所以无忧。《庄子·天下》评论说，这些前辈对于"道"确实摸到了一点门径，不过还差得远呢。

彭蒙、田骈和慎到，他们的身世比老子更加不可捉摸，只是因为名气不够大，所以得到的关心不够。上博简有一篇《慎子曰恭俭》，看称呼应该是慎到一系的书，但内容近于儒家。而在司马迁的记载里，慎到、彭蒙这些人却被归入了道家的后学。

就算司马迁说得对，但反智主义的思潮确实由来已久。早在春秋年间，社会上就有这样的风气了。《左传·昭公十八年》记载了这样一则故事：曹平公死了，许多人来参加葬礼，鲁国的使者去拜会了周大夫原伯鲁，交谈之后发现他很不爱学习，回国后就把这事告诉了闵子马。闵子马说："周王室将要发生动乱了吧。依我看，这种不学习的风气一定早就流行开了，这才波及在位的大夫们。大夫们只对官位最上心，根本不明事理，以为不学习也没什么坏处，索性就不学了呗。这种人处理政务也一定是敷衍了事的。照这样下去，下陵上替，能不出乱子吗！"后来果然出了乱子，原伯鲁的儿子也被杀了。

这或许是史上最早的"读书无用论"，而《左传》显然是主张好好学习、天天向上的，所以后来才成为了儒家一系的经典。那么，从这段记载推测，有原伯鲁这样的想法却无权无势的人在社会上肯定还有不少，他们中的一些人会不会就成为道家的前辈，或者是否为道家的出现营造出了一种相当合适的思想氛围呢？

其实，如果认真寻找道家的前辈，还是有些或隐或现之人的，那时候可有不少很有思想的隐士。混乱的时代最喜欢造就英雄、恶魔和隐士。春秋是一个礼崩乐坏的时代，战国就更乱了。面对社会秩序的败坏，不同的人做出了不同的反应。有的人勇于变革，有的人勇于逃避。智识是不是万恶之源，这就成了一个值得讨论的问题了——《庄子·胠箧》说："故天下每每大乱，罪在于好知。"

如果按照"屁股决定脑袋"这个一贯的人之常情来看，屁股坐得高的人大可以呼吁"知识就是力量""科学技术是第一生产力"，因为这至少可以制造出锋利耐用的杀人武器和铁桶一般的信息管理机制；屁股坐在地上而无可奈何的人就只能说说"无知者无忧"了，于是就有必要为自己的行为和处境找出合理的借口，最好是冠冕堂皇的理论依据，既可以自欺，又可以欺人。

总之，人如果要生存下去，就有必要给心理找到平衡。事情就像约翰·塞尔登的一段或许有失刻薄的描写："我们总喜欢拿自己身上自鸣得意的长处去衡量别人。有位叫作纳西的诗人，很穷（诗人总是穷的），在街上看到一位市议员佩着金链、骑着高头大马迎面而来，就对身边的同伴不屑地说：'瞧那家伙多神气！可他连一首素体诗也写不出来。'"（《闲谈录》）

相比之下，中国先贤李斯在发迹之前曾向荀子学习帝王之术，毕业之后准备去秦国闯一番天下。在向老师辞行的时候，李斯说出了一番掷地有声的话："人生最可耻的是卑贱，最可悲的是穷困。如果一个人一直处在卑贱和穷困里，却愤世嫉俗，厌恶名利，用'无为'来标榜自己，这可不是士人的情怀呀。"[1]（《史记·李斯列传》）等多年之后，

---

1 李斯的原话是"故诟莫大于卑贱，而悲莫甚于贫困"，这倒不是简单地歧视穷人——古文里的"穷"一般是"走投无路"的意思，而表示没钱的词是"贫"。李斯的意思是，有本事的人是可以凭着自己的本事摆脱困境的。

风光一时的李斯被押上刑场，不禁追怀起寒微时节和儿子一起牵着黄狗去郊外打兔子的恬淡生活了。但一切都已经晚了，这时候的他不知道是否后悔自己当初的选择呢？

在年轻气盛的李斯看来，所谓"君子固穷，达人知命"的修养不过是失败者的扯淡，"清静无为"之类的说辞更是失败者对自己的涂脂抹粉。的确，要把一般人看上去都觉得倒霉的日子证明出优越感来，确实有些难度。或许部分是因为这个原因，道家的修身理论才那么玄妙高深，就像佛学大师们为了证明这个看似实实在在的世界为空幻、假有，便穷尽了古代思辨智慧所能达到的极致。

2

理论总是越发展越复杂的。如果《庄子·天下》属实，那么在彭蒙、田骈、慎到和一众深藏着不凡思想的隐士先行者之后，道家进入了第二阶段，代表人物就是关尹和老聃。

《庄子·天下》是把关尹的名字放在老聃之前的，正如它把墨翟的名字放在了他的弟子禽滑厘的前边。[1]这个疑惑刚刚产生，文中对关尹学说的概述又会让人生疑，因为这些句子实在太眼熟了：

---

1 道教茅山宗创始人陶弘景编订《真灵位业图》，给道教神仙排座次，"关令尹喜"不但排在老聃之前，两人之间甚至还匪夷所思地隔着葛玄、颜回、孔子、黄帝和周穆王等人。

> 在己无居，形物自著。其动若水，其静若镜，其应若响。
> 忽乎若亡，寂乎若清。同焉者和，得焉者失。未尝先人而常
> 随人。

这几句话看上去简直就是在描述《老子》之"道"：它化生万物，自己却不居功，好像什么事都没做一样，任万物自己显露形貌。它动起来就像水，静下来就像镜子，反应起来就像回声，恍恍惚惚的好像并不存在，静寂得如同清虚一片。合乎它的规律，就会一切顺遂；若想贪求它，反而会失去它。它从不抢在人的前边，却常常跟在人的身边。[1]

有了这样的境界，《庄子·天下》说关尹和老聃堪称"古之博大真人"。这是一个很高的评价，但《庄子·天下》还给了其他人更高的评价。得到最高评价的是所谓道家第三阶段的代表人物：庄子。个中道理或许一点都不深奥，因为《庄子·天下》的作者就是庄子学派的。

这一路看下来，我们很容易就会怀疑《老子》一书的原创性，更难相信《老子》是成于一时一人之手。即便我们退而承认楚简本只是对已经成形了的一部五千言的《老子》的摘抄，"但从情理推测，'五千言'似应跟儒家的《论语》一样，为学派宗师的弟子或再传弟子，总之是离宗师的时代不远的人所编成的。……《论语》中有孔

---

1 对这段话的理解完全是我自己的意思，我以为这段话是省略了主语，都是在描述"道"的。通行的理解不是这样的，附上陈鼓应的翻译供大家参考："自己不存私意，有形之物各自彰著。动时如流水，静时如明镜，反应如回响。恍惚如无有，寂静如清虚。相同则和谐，贪得便有失。从不争先而常顺随别人。"（《庄子今注今译》）

子弟子的言论，《老子》中当然也可能有老子弟子的言论"。（裘锡圭《郭店〈老子〉简初探》）

这些情况对一些人也许会构成或多或少的打击，毕竟我们人类有着根深蒂固的偶像崇拜的天性，沉迷于那种匍匐跪地式的仰望强者的快感。如果《老子》的作者真的只是孤单一人，以通天彻地的智慧，在毫无前辈们的思想积淀的情况下洞悉了人天之际的无穷奥秘，把这些奥秘用一种诗样的语言记录下来，留待后人们用尽毕生的精力去不断参详，这，才是符合大众心理的。事实上，道家在日后也正是这么发展下去的。

3

至此似乎漏掉了一个很重要的人物：杨朱。的确，讲道家，好像应该从杨朱讲起。因为，一来冯友兰先生的《中国哲学简史》把杨朱列为道家的第一阶段，设有专章，后来他在《中国哲学史新编》里琢磨《庄子·天下》为什么没提杨朱，思考的结果是：没有讲杨朱，可能是认为杨朱的思想还不够一个体系；二来易中天先生在《百家讲坛》上也是这么讲的，还用了整整一期节目专讲《墨子与杨朱》，说杨朱是"先秦道家第一人"。这两位前辈的说法一个是早期经典，一个是百姓热门，都已经深入人心了，所以有些问题这里有必要辨析一下。

易先生对杨朱评价极高，但其评价当中首先有一个逻辑问题不好理顺：他先是引了《列子·杨朱》的内容，说杨朱既讲一毛不拔，又讲天下为公，于是，"这就会有很多人想不通，这个一毛不拔和天下为公，它怎么可能统一呢？所以杨朱的学说最后销声匿迹了。"而他接下来却说，"至于杨朱当年自己是不是把这个道理讲清楚了，我也不知道。现在找不到了，没材料了。我们现在看到的这些材料是《列子》这本书里面的，而《列子》这本书又被学术界断定为伪书。因此我刚才讲的这些是不是历史上那个杨朱的观点，都不知道。"

概括来说，这是先用《列子》的内容论述杨朱的一毛不拔和天下为公的主张；又解释说，因为这两种说法难以统一，所以杨朱的学说最后销声匿迹了；最后补充说，《列子》是伪书。

在这个推论里，"因为"和"所以"之间并没有任何确定的连线，而且我们把逻辑关系重新梳理一下，就会发现这段话的意思是这样的：因为魏晋时期的伪书《列子》说杨朱既主张一毛不拔，又主张天下为公，我以为这两者不可能统一，所以先秦时期的杨朱学说销声匿迹了。

接下来，易先生做了一个总结陈词："但是我认为，即便如此，仍然可以把这样一个东西作为宝贵的思想文化遗产抽象地继承下来。因为这个思想里面有一个非常深刻的内容，就是实现天下为公的理想，不能以损害个人利益为前提。当我们今天建设一个法治社会的时候，一定要树立一个观念，保护每个公民的个人利益和财产。没有每个公民个人的利益，没有每个公民个人的幸福，就不会有什么天下人的幸福。如果有人跟你说，为了天下人的幸福，你就牺牲了吧，不要上当。"

这段话虽然精彩，但是很难想象我们的古人能有如此先进的思想，所以这里也有必要解释一下：《列子·杨朱》里那句"公天下之身，公天下之物"，意思到底是不是"把自己的身体和所有的财产都归天下所有"，很不好讲，原文在这一处非常费解。但贯通上下文来看，不可能是这个意思；依道家的一贯宗旨来衡量，也不可能是这个意思；看看古人的解说，也不是这个意思；即便真是这个意思，也推不出来后边那些道理。

个人利益云云的道理呢，英国的老牌自由主义者讲过，美国的联邦党人讲过，但杨朱确实没讲过（无论是真杨朱还是假杨朱），至少目前还没有任何证据表明他讲过，这毕竟太前卫了。

宋人江遹从道家的一贯宗旨出发，曾经给出过一番颇合情理的解释：无论是损是益，无论是损一毫还是利天下，都是以人为去破坏一种自然无为的均衡状态，所以都是不可取的。所谓"公天下之身，公天下之物"，是至人所臻的一种忘我的状态，虽然身体与外物都是人生之必需，但可依存而不可占有。（《冲虚至德真经解》）这种见解虽然高明，但不大符合一般人的道德观念，毕竟众暴寡、强凌弱就是维系均衡状态的一种自然规律，但我们该不该遵循这种自然规律呢？——这同样也是《老子》将要面对的一个问题。

冯友兰先生清楚地指出了《列子·杨朱》与先秦那个真杨朱的不同：《列子·杨朱》的思想，大多与其他可信的先秦材料里所记载的杨朱思想不合，它的主旨是极端的纵欲主义，而在其他的先秦文献中，从没有批评杨朱是纵欲主义的。

据冯先生的推测，杨朱应当生活在墨子和孟子之间。但他的生平和思想都很难弄清了，因为所有的材料加起来也只有几句话而已，星散在《孟子》《韩非子》几部书里。《中国哲学简史》之所以要给他这么大的篇幅，是因为孟子说过"杨朱、墨翟之言盈天下"——在孟子生活的时代里，天下的言论只有两大派，一个是墨翟派，另一个就是杨朱派，孟子一生都致力于把这两派批倒批臭。

这样看来，杨朱的思想虽然很快就近乎绝迹，但一度竟然与墨家平分天下，是当时数一数二的显学。可是，既乏著作，又鲜记载，所以有些学者要么根本怀疑是否真有杨朱其人，要么推测他其实就是庄周。

事情当真很让人疑惑，如果杨朱思想当真那么显赫过，怎么竟能够凋谢得就像从来不曾有过一样？

钱穆就觉得此事大有可疑，考证之后发现：儒学和墨学是显学，这在先秦时代是被公认的，但杨朱之学能与墨学分庭抗礼，这话只有孟子一个人说过。再仔细分析下去，越发觉得孟子的话很有问题。（《先秦诸子系年·杨朱考》）

以上就是杨朱问题的主要两说，如果再从时间顺序上讲，也有把杨朱的年代断在老子之后的，比如许地山写《道教史》，就把杨朱归为老子以后的道家，现在一般认为杨朱在孔子和墨子之后、孟子和庄子之前。

再有一点要说的是，易先生说《列子》"被学术界断定为伪书"，然而近些年来为《列子》正名的论文出了很多，比如许抗生先生考证

《列子·杨朱》反映的是战国中后期社会上出现的一种纵欲主义思想。（《〈列子〉考辨》）其说颇有理。但这个问题真要争出个孰是孰非，恐怕只能期待以后的考古发现了。

第三章

三种《老子》：郭店楚简本、马王堆帛书本和通行本

1

正如我们很难把老子作为一个人来讲，我们也同样很难把《老子》作为一部书来讲。

在1993年之前，这个问题还不存在，因为那时候我们能够见到的《老子》的主要版本，一个是通行本，一个是马王堆帛书本，它们虽然编排次序不同，但内容上没有太大的差异。直到郭店楚简本出土，麻烦才真正开始了。

郭店《老子》有甲乙丙三个抄本，文字要古奥质朴得多，读起来非常痛苦，最要紧的是，内容上也和我们熟悉的那个《老子》不大一样了。但这首先可以为我们解决一个问题——通行本《老子》一共有八十一章，正是九九之数，好像是一种精心设计的布局，劈头又以"道可道，非常道"提纲挈领，似乎构成了一个让人不可小看的严密体系。但现在我们终于知道，这个体系是不存在的，至少原本是不存在的。

楚简本《老子》的标记符号在帛书甲乙本当中次第消失了，篇次的顺序和分章也变了不少，当然，内容有多寡之异。韩非子读的《老子》就是以"上德不德"开篇的，司马迁看到的那个五千言、分为上下两篇的《老子》，应该就是一个和帛书本类似的版本。之后又经历了若干比较细小的变迁，逐渐才确定为我们现在看到的这个五千言、八十一章的样子。

所以，以前有一种很有代表性的看法，说在第一章里，"首先提出老子《道德经》的'道'与'名'两个关键名词，也是连串贯通全书八十一章脉络的线索，而且也是千古以来研究老子学术的争端之所在"。现在我们就会知道，这个问题原来根本就不存在，只是后来才成为问题的。[1]

其实，即便抛开版本源流上的证据不谈，这种说法也很难成立，因为这是不自觉地在以后世的行文思路来理解古人。——如果上述逻辑成立，难道"学而时习之"也是统驭《论语》全书的开宗明义之语吗？

2

由此而来的第二个问题就是《老子》的主旨。这又关系到一个比较常见的误解：《老子》既然又叫《道德经》，主旨自然就是"道"与"德"了。的确，《史记·老子韩非列传》就概括说"老子修道德……言道德之意五千余言而去"，后来《老子》又被尊以《道德真经》的

---

1 当然，尽管《老子》并非成于一人一时之手，但仍然有其文本的一致性。Bryan W. Van Norden以为，如同Alasdair MacIntyre等哲学家们强调的，传统自有其一致性。这些本土传统把《老子》视作一部具有一致性的文本作品。于是，至少在表面上，我们有理由相信该文本确实有着某种一致性。（*Method in the Madness of the Laozi*）

名号，"道"与"德"这一对核心概念似乎是显而易见的。

但事实上很难这么讲。"道"作为全书的主旨，这没什么争议；"德"是否同样重要，却没有一致的意见，D.C. Lau 在他二十世纪七十年代的著名的英译本《老子》序言里，就直截了当地说："德"这个概念"并不特别重要"。

有一个显而易见的事情却常常为人熟视无睹，那就是从《老子》的文本本身看"道"与"德"的关系，其实看不出这是一组成对的概念——反例譬如通行本第三十八章所谓"失道而后德，失德而后仁，失仁而后义，失义而后礼"，从发展顺序讲，"德"后于"道"，先于"仁"；从好坏的角度讲，"德"比"道"坏，比"仁"好。所谓"道德"之论，绝大部分是被后人附加上去的，并非《老子》的本旨。历代研究者为了弥合这个矛盾，便着力于分析"德"的多重含义。

追溯《道德经》这个称谓的来历，马王堆帛书乙本确实把全文分为上下篇，但并没有篇名，只是在两篇的末尾分别记着"德三千卌一"和"道二千四百廿六"，这是字数统计。大约就是从此以后，"德"和"道"两个字就被分别用作上下篇的篇名了。

但这个篇名也并没有什么实质性的含义，只是按照古书的一贯传统，把开篇句首的字提出来而已。上篇开头是"上德不德"，抽取一个"德"字；下篇开头是"道可道"，抽取一个"道"字，事情竟然惊人地简单。

这个时候，是德篇在前，道篇在后，后来又被颠倒了过来，道篇被放在前边，我们熟悉的"道可道，非常道"这才终于成为全书的开篇。而且，这一段的内容在楚简本里并未发现——或许是那些古人抄漏了，或许是他们觉得这段话并不重要，或许是那时候根本还没有这段"连串贯通全书八十一章脉络的线索"的至理名言呢。

学者们对通行本和帛书本的编排次序也早就有过怀疑，因为道篇并没有以"道"为主题，德篇也没有以"德"为主题，章节的序列也只看出杂乱而看不出系统。楚简本在编排上却清晰得多，排在一起的章节往往都有共同的主题，而且每篇的第一章都有总括性，同时出土的《五行》等文献也是这种体例。

楚简本和通行本在内容上最大的差异，就是对儒家思想并没有那么激烈的批判。

通行本《老子》把儒家攻击得很厉害，这是显而易见的。司马迁也说过，学老子之学的人看不起儒学，儒家也同样看不起老子那套，这就是所谓"道不同不相为谋"吧。(《史记·老子韩非列传》)

两个材料既然彼此印证，也就从来没人对这件事有过什么怀疑。直到楚简本出土了，我们才知道，道家并不是一开始就对儒家针锋相对的。比如通行本第十九章著名的那句"绝圣弃智""绝仁弃义"，旗帜鲜明地批判儒家"仁义圣智"的核心思想，却不能自圆其说——第十八章刚刚说过"六亲不和，有孝慈"，明显对儒家最爱讲的"孝慈"很不满，可第十九章紧接着就说"绝仁弃义，民复孝慈"，显然把老百姓的"孝慈"当作了自家政治理想的一个目标。

或许正因为这样的困惑多多、矛盾多多，《老子》才显得那么迷人，每个人都可以有自己的理解。但学者们还是要努力弥合这些矛盾，于是有人就强调《老子》有自己独特的用词方式，它喜欢用同一个词在不同的地方表达不同的含义。于是在以上这个例子里，安乐哲（Roger T. Ames）告诉我们：同一个"孝慈"，在第十八章是指做作的、僵化的社会习俗，在第十九章则指的是父母与子女之间自然、自发的情感表达。（*The Art of Rulership: A Study of Ancient Chinese Political Thought*）

这样的解读方式，我想可以称之为"圆谎式的诠释法"，这在经典文献的阐释里相当常见，尤其是对于《老子》《春秋》《周易》以及一些佛学经典的阐释。

多亏楚简本的出土，我们不必再靠这种圆谎式的诠释法来弥合文义了。"绝圣弃智"和"绝仁弃义"，在楚简本里却是"绝智弃辩""绝伪弃虑"，"民复孝慈"则是"民复季子"[1]，不知道是后来的哪位道家同学与时俱进，才给改成现在这样的。

道家反仁义的倾向有一个逐渐成形的过程。在道家早期，就连庄子对仁义也持一定程度的肯定态度，而到了一般被认为出于庄子后学手笔的《庄子》"外篇"和"杂篇"，就出现对仁义的尖锐批评了，比如我们从小就学过的那句："为之仁义以矫之，则并与仁义而窃之。何以知其然邪？彼窃钩者诛，窃国者为诸侯。"这段话在郭店出土的《语丛》里也有出现，反对仁义圣智的态度非常明朗，很有点愤青的派

---

1 到底是"民复孝慈"还是"民复季子"，在释读上很有争议。我个人倾向于后者，这里就不做细辨了。

头。¹但悉心体会一下行文的语气，会感觉这与其说是在学理上对仁义圣智的单纯反对，不如说是对现实社会里仁义圣智被大盗窃用的愤懑不平。

即便是通行本的《老子》，古代的学者们也不都认为它是反对仁义的。这听上去似乎匪夷所思，但是，王弼梳理《老子》一贯的逻辑方式，²说"道"与"形"总是相反的，不忘危的人才能居安，善用力的人才会克制自己不去搬举重物，圣人的功业是通过"绝圣"建立起来的，仁德也是由"弃仁"彰显出来的，所以那些只见形而不及道的人莫不恼恨《老子》之言。(《老子微旨例略》)

我们有必要考虑一下王弼的学术立场——他虽然是著名的玄学大师，却和魏晋的许多玄学名人一样，把孔子的地位排在老子之上，但他这番论述确实能够自圆其说。在他看来，我们讲什么《老子》反对儒家的仁义观念，大约就算"见形而不及道"吧，却不知道绝圣才有大圣，弃仁才有大仁。

那么，我们马上会面临一个很现实的问题：我们读《老子》，用哪个版本为好呢？

最好的办法当然是所有的版本都读，先有博而后才能专。更现实地说呢，这就取决于我们读书的目的——如果要了解《老子》在中国思想史上的意义，肯定要以通行本为主，杂以历代的研究，毕竟楚简

---

1 还可以参考的是，1977年，阜阳发掘了汉文帝时期的汝阴侯夫妇墓葬，有《庄子·杂篇》的几条残简，从时间推算，随葬年代距离庄子生活的年代不超过二百年。

2 《道藏》里收有一篇《老子微旨例略》，直到1951年才由王维诚先生考证出这就是王弼的那篇著名论文。

本连司马迁都没看过，更别说唐宋元明清的人了。

这就像我在《隐公元年》里讲儒家的时候提到的："若想从《论语》《春秋》等经典的字面本身来了解儒家思想，这几乎就是一种缘木求鱼式的努力。因为真正在中国历史上发生巨大影响的那些所谓儒家思想、孔子真义，其实和孔子本人并没有太大关系，和原典本身也没有太大关系，而真正发生巨大影响的却是何休版孔子、杜预版孔子、郑玄版孔子、孔颖达版孔子、朱熹版孔子、王阳明版孔子……要了解儒家思想以及儒家思想与社会历史之间的互动，就该对这些不同时代、不同版本的孔子投以比对孔子本人更大的关注，让典籍从字面上孤立的文本'立体化'，让典籍包含有社会史、思想史、阐释史的内容。"[1]

更何况就像前文讲到的，《老子》带给后人的与其说是什么严密的思想体系，不如说是"启发性"的一系列思想碎片。正是因为这个特点，注本的意义便尤其重要起来。林理彰（Richard John Lynn）形容《易经》的一段话几乎同样可以用在《老子》身上：我们益发认识到，有多少《易经》的注本，就有多少《易经》的版本，因为《易经》的文本是如此艰深晦涩，以至于它到底是什么意思只能取决于注本是如何阐释它的。（*Review of Sung Dynasty Uses of the I Ching*）

当然，即便如此，我们在阅读《老子》的时候参照一下楚简本也是非常必要的，因为后者不但可以为我们展现《老子》最接近其源头的那副面目，可以帮我们校正一些流传千年的误读（看看一些深刻的思想是如何从误读当中获得的，这也是一件有趣的事），更可以帮我

---

1 元代学者杜道坚就曾感叹，历代的注释家都带着各自时代特定的价值观，于是金朝有金老子，唐宋有唐老子和宋老子。（《玄经原旨发挥》）

们解决掉通行本里的一些疑难问题。比如通行本第一章说"有"和"无"是"同出而异名"，我们可以想象一枚硬币的正面和反面，只要硬币铸好了，正面和反面就都有了，只是一个叫正面，一个叫反面，是谓"同出而异名"；但是第四十章却说"天下万物生于有，有生于无"，这不是自相矛盾吗！

要在通行本里弭平这个矛盾，实在太不容易了，人类用了两千年也没想通，更有许多《老子》专著无视这个矛盾，深刻阐释"无中生有"的玄妙哲理。王弼就是这么讲的，他为《老子》所作的注本堪称最著名的古注本，也是魏晋玄学的一个学术巅峰。由此王弼说"贵无"，裴頠说"贵有"，惹起了汹涌澎湃的一番辩论，一点也没有"知者不言，言者不知"的高姿态。直到宋代理学兴起，也为了"太极"之前到底有没有一个"无极"，或者"无极"是否就是"太极"而争论不休，而这些争论源头都在《老子》这句话里。

直到看过楚简甲本，这句话原来是"天下之物生于有，生于无"，才知道通行本"有生于无"的这个"有"字是个衍文，应该删掉才对，而那些从"无中生有"中引申出来的种种玄妙的哲理当真是无中生有的。

另外，近些年实在有太多的考古发现，除了郭店楚简和马王堆帛书之外，还有上海博物馆收藏的战国楚竹书、阜阳汉简、张家山汉简等，有不少早期的道家文献，可以帮助参详《老子》里的一些根深蒂固的难题。

我想，照着这个思路读与解，应该大体不差了。但是，道理是这么说没错，不过我自己还面临着一个更现实的问题：很多人看这种书，既不想了解原典，对思想史更没兴趣，他们关心的是要对自己的工作和生活"管用"，从我们祖先的古老智慧里汲取养分，小则可以修身养性，中则可以升官发财，大则可以升更大的官、发更大的财，至少也要学会一点办公室爬虫术之类的绝学秘技。大约很少有人会像切斯特顿那样思考问题："对于一位房东来说，考虑房客的收入固然重要，但更重要的是懂得房客的哲学；对于一位大战在即的将军来说，了解敌人的阵容固然重要，但更重要的是懂得敌人的哲学。"（《异教徒》）

尽管这也是一种功利主义的思维方式，但毕竟过于迂回了些，群众所需要的功利主义还要有甚于此，要有立竿见影之功。确实，给成功者打激素，给失败者喝鸡汤，这是最能打动群众的手段。但我不免想起了日本学者户川芳郎1982年向中国学生讲授中国思想史的时候说过的一番话，他说在"二战"战败之后，日本人对战前的理解中国的基本态度做了反思，也反省了学校里的汉文和德育教育，其结果就是："对那种轻易地提倡现代意义而迎合时髦的做法，我们采取了极为慎重的态度。"

我并不清楚户川先生所谓"提倡现代意义而迎合时髦的做法"到底都有哪些内容，不过我又不合时宜地想起了罗素，他在介绍亚里士多德的政治学的时候也曾说过："亚里士多德的政治学是既有趣而又重要的——之所以有趣，是因为它表现了当时有教养的希腊人的共同偏见；之所以重要，是因为它成了直迄中世纪末期一直有着重要影响的许多原则的根源。我并不以为其中有很多东西对于今天的政治家是有任何实际用处的，但是有许多东西可以有助于弄明白希腊化世界各个

地方的党派冲突。"(《西方哲学史》)

不过，有兴趣弄明白"希腊化世界各个地方的党派冲突"的人到底能有几个呢？

3

要把任何一个东西讲出"实用性"来，只有具有切身的实用价值的东西才会被人接受，其实这正是中国思想史区别于西方的一个显著特征。

古希腊大约和诸子百家处于同一个时代，在古希腊词汇中，"哲学"一词从词源上分析就是"爱智之学"，也就是说，这门学问的出发点是对智慧的爱，要满足的是好奇心和探索欲，并没有什么功利色彩。

最典型的代表或许要算毕达哥拉斯学派（与其说是学派，不如说是一个近乎宗教组织的团体），他们以为在现世生活里有三种人，正如到奥林匹克运动会上来的也有三种人一样——小商小贩是最低等级的一种，其次是运动员，最高的一种是观众。和那些观众一样，最伟大的净化心灵的事业便是无所为而为的学问。只有献身于这种学问的人才是真正的哲学家，而只有真正的哲学家才能使自己摆脱"生之巨轮"。

中国哲学却是一开始就有着极强的功利性的，"爱智"是次要的，宗教性也是次要的，实际的问题是谁都看见世界乱了，诸子百家莫不是针对社会问题开出各自的药方，也都希望能够药到病除。即便汉末道教兴起，与其说它是成仙出世的一种宗教，不如说它是社会批判的一种思潮，其关注的焦点不是天上，而是要在人间建立一个太平乌托邦。运动失败了，该组织也就被打成邪教了。

至于学者们，一直到唐宋以后还是大谈学以致用、文以载道、不为无益之学云云，归根结底就是三个字：实用性。

源头各别，后果迥异。

这个区别及其影响，我们在自然科学领域就可以看得很清楚：无用之学催生了基础科学，有用之学却只在技术的范畴里打转，这或许就是解决"李约瑟难题"的一个思路。

斤斤于无用之学，却终于有了大用；斤斤于有用之学，却终于落在了无用之学的后面，这倒正是《老子》辩证法的绝妙写照。

4

对待经典的态度，我们知道神学家永远会追求《圣经》的"正确性"，这是典型的宗教态度，而中国官方对待官学经典，却会把"实用性"放在"正确性"之上，这是典型的政治态度。如果从这一点上来做区分，那么把古代的儒学当作儒教显然没有道理。

西汉年间传出了几部古文写就的孔壁藏书，其中《尚书》比当时通行的以西汉流行文字写就的伏生口授本《尚书》多出十六篇，是为《古文尚书》。《尚书》的版本流传十分复杂，简而言之，西晋永嘉之乱，伏生本的《今文尚书》和孔壁本《古文尚书》的十六篇逸书全部失传，到了东晋，豫章内史梅赜（一作梅颐）向元帝献上了一部《古文尚书》，还附有西汉孔安国的解读。这部书后来成为官学正统，也是《尚书》的唯一传本，在唐太宗时代被纳入孔颖达编纂的《五经义疏》，在唐玄宗时代又改以楷书定型刻碑，这就是著名的唐石经，为后来一切版刻本的祖本。此后几朝几代，学生念书、士子科举，凡《尚书》用的都是这个版本。

宋代以来，这部《尚书》的真实性陆续受到一些怀疑，但要到清代阎若璩《尚书古文疏证》的出现才一时定谳，从此光环破碎，圣经跌落为伪书，阎氏的考据得到了广泛信服。

这是比较令人尴尬的场面，比如《古文尚书》尤其是《大禹谟》中，"人心惟危，道心惟微，惟精惟一，允执厥中"早被誉为"十六字心传"，而这正是理学之根基，又是所谓"大中之道"，是"万世心学之祖"，也是当初东林党人所坚守的道德信条。而阎若璩却说它虽然"精密绝伦"，但是"盖纯袭用《荀子》"云云。

事情到了这一步，学术问题就不再只是学术问题了，科举考试还要不要考这部书，这可是非常现实的难点。按说冒充圣人、臆造经典这种事，实在是"上诬三代，下欺千载"，似乎应该重办才是。当时便有人上书乾隆帝，建议把《尚书》中已被定谳的伪作剔除出去，科举考试不能再用伪书。

据龚自珍的记载，当时，身为翰林学士、帝王讲师的庄存与听说了这个消息，坐立不安，终于自言自语地说出了一句很要紧的话："辨古籍真伪，为术浅且近者也。"这就意味着，相对于经学的政治意义来说，其学术意义是微不足道的；治经学要的是通经致用，而不是寻章摘句。这个意思再往下推，就是：只要是有用的，就算是假的又有何妨？况且圣人经典一废，必然会大大动摇世道人心，毕竟有太多被沿袭很久的政治理论都是出自伪《尚书》的。

庄存与举了几个例子，全是时人耳熟能详的至理名言。是的，看看《尚书》里边被证伪的篇目：如果《大禹谟》被废，"人心惟危，道心惟微，惟精惟一，允执厥中"这四句话也就跟着废了；"与其杀不辜，宁失不经"也会被废，而这一名言正体现出仁政之要义，使人思考刑与德之间的辩证关系；如果《太甲》被废，"慎乃俭德，惟怀永图"也就没了；《仲虺之诰》废了，"能自得师者王，谓人莫己若者亡"也就没了……这些都是百代不移、字字珠玑的至理名言，都是真正的圣人真言，借伪篇而得以保存下来，难道也要连同伪篇被一起废掉不成？

庄存与思前想后，越想越想不通，终于写了一部《尚书既见》表达意见。事件结果是很有些戏剧性的：这部《尚书既见》颇为学者诟病，而《尚书》伪篇的官学地位却因为庄存与的努力而得到了保全。[1]

《老子》在版本问题上也有过近似的遭遇。唐代推尊《老子》，坊间流行的是传为汉文帝时代的河上公注本，这个注本的真实性受到了

---

[1]《古文尚书》的真伪问题现在又掀起新的争议了，感兴趣的读者可以去查阅一下翻案的专著和论文，我这里就不做细辨了。

富有考辨精神的著名史学家刘知几的质疑。他在一次奏议中说：河上公本的序言里说，河上公以自注的《老子》授予汉文帝，然后就飞上天空不见了。这种鬼话谁能相信呢！查一下《汉书·艺文志》，注《老子》的共有三家，没有河上公这一号，该不会是注释者编造了这个故事来自圆其说吧？而且从内容来看，这个注本言鄙理乖，哪里比得上王弼的注本呢。所以建议废除河上公注本，提升王弼注本的地位，这才是对学人有益的。

有关部门讨论了刘知几的这个议题，提出了一个折中方案，承认河上公其人确实于史无考，真实性大有可疑，但又以为河上公的注本词近理弘，小则可以修身，大则可以治国。至于王弼的注本，理畅旨宏，长于玄学，内容确实不错。但要让当代之人能够修身弘道，还是河上公的注本更合适些。最好两个注本通行，让大家都学。

我们看到，作为史家的刘知几即便有心求真，在奏议里也重点论述河上公本在实用性上的不足，而有关部门的官学博士们则完全从实用性的角度考虑问题。至于皇帝的最终裁决，不但更加倾向于实用性，而且简便易行：河上公注本照旧使用，王弼注本传习的人太少，失传了也不好，所以给它立个名目，别让这门学问断绝了也就是了。

这件事还有下文：做出最终裁决的这位皇帝就是唐代的盛世之君唐玄宗，在刘知几奏议的五年之后，他亲笔为《老子》作注。唐玄宗的御注并不走王弼的路子，而是严格遵循着严遵与河上公的传统。这里边自然不是哲学家的学术见识，而是符合帝王身份的政治眼光。

这并不是什么特别奇怪的事情，从梁武帝以来，一直到明太祖，在这近一千年的时间里，帝王们总是乐于为《老子》亲作御注，立为一时一世的经典阐释。在儒学立国的传统里，官方对《老子》的兴趣始终没有消退。

第四章

黄老之学与君人南面之术

1

我们现在一提起道家，都是老庄并称，但这也是慢慢变化来的。在汉朝初年，人们一般都说"黄老之学"，汉初的"文景之治"就被认为是黄老之学的一次成功的政治实践。直到曹魏以降，上流社会大搞文化沙龙，又随着政治空气的窒息，关注时政的黄老之学逐渐滑向了谈虚论玄，道家便由"外王"转向了"内圣"，这才有了老庄并称，进入了庄子之名最显的魏晋玄学时代。

所谓黄老，就是黄帝和老子。在战国时代，齐威王一件青铜器的铭文里，就有了"高祖黄帝，迩嗣桓文"的字样，表示远则学习黄帝，近则学习齐桓公和晋文公，要做一番事业出来，这说明齐国在这时候已经把黄帝纳入本国的信史系统了。齐威王要学习黄帝，应该就是要以黄老之术治国吧？

齐国也算是一个历史悠久的诸侯国了，本来是周朝开国功臣姜太公的封国，从来没说过黄帝是自家祖先，怎么过了几百年，到了齐威王的时代，突然追尊起黄帝来了呢？——这有一个很现实的政治意图。《庄子》有一句众所周知的名言："窃钩者诛，窃国者为诸侯。"齐威王一家真正就是齐国的窃国大盗。

齐国的国君本来都是姜太公的子孙，都姓姜，传到齐桓公这一辈上，收留了一位来自陈国的政治流亡分子，叫作陈完。陈完在齐国做了一个叫作工正的小官，从此就扎根落户了，并且改了姓氏，改陈为田（那时候陈、田同音）。

田家（陈家）在齐国越来越发达，一连几代人都很懂得邀买人心，终于顺利地篡了位，国号虽然还叫齐国，但已经不是原先的姜齐，而是新的田齐了。

篡位的人自然急于给自己正名，齐威王追尊黄帝，这就神化了自己的血统，讲话的时候腰板也就硬了。

田家在没篡位之前，一个重要的邀买人心的手段就是广招门客，为此很舍得下本钱。到了篡位之后，一般人的思路都会是这样的：靠什么夺的权，就得防范别人也用同样的方式夺我的权，最典型的例子就是宋太祖杯酒释兵权。田家人自然也想到了这个问题，但他们很聪明，疏而不堵，搞起了一座稷下学宫，广招天下人才，给予很宽松的学术环境和优渥的待遇。这就等于把原先招揽门客的手段国有化了，使之从私人行为变成了国家行为，就算国内再有谁想使这招，也折腾不起来了。

严格意义上说，有了稷下学宫，才有了百家争鸣。

《史记》所载的黄老一派，大多是稷下的学者，所以他们把学术渊源追溯到黄帝身上，恐怕也有一定的政治投机色彩。诸子百家之学兴盛于战国时代，最后一枝独秀、压倒群芳的，正是这个黄老之学。

2

我们作为炎黄子孙，看到黄帝的学说（哪怕只是名义上的）是不是感觉很亲近呢？而且这难免会让人联想到一个问题：既然有了黄帝的学问，是不是也有炎帝的学问呢？

这个问题并不荒谬，因为答案居然是肯定的。《淮南子·修务》说过：世俗之人大多尊古而贱今，所以理论家们往往把自己那套东西说成是神农、黄帝的学问。而乱世里的那些愚昧的君王竟然很吃这一套。

这实在也是人之常情，奉炎黄为祖师爷至少比奉安徒生要好，至少神话的国度要好过童话的国度。

黄帝越来越深入人心，不但变得越来越真实，"法力"也越来越强大了。1995年，一座东汉的早期墓葬里出土一枚印章，上面的文字相当骇人：黄帝神印。当然这不会真是黄帝的名章，而是早期道教徒的一种法器——他们最典型的印章是"天帝使者"，道士们靠这个来给人们消灾解难。

这些做法，不要说古代，今天也是一样，尤其是用来糊弄老百姓。比如这两年很红的《黄帝内经》，真有电视片把黄帝当成历史人物来拍了，黄帝和大臣们讨论医道，时间、地点、人物、起因、经过、结尾，记叙文六要素一应俱全，比事实更确凿，比真理更正确。

《黄帝内经》自然是托名黄帝的，成书之晚，很可能还在汉武帝以后，正是诞生于全部中国历史上最迷信的一个时代，那些五行八卦什么的，汉朝人自己就扯得很乱。不过，《黄帝内经》这部书也许是出淤泥而不染吧，曲黎敏教授就用热情洋溢的语言把它誉为"一部关于天地宇宙、生命现象的伟大著作"。但我还是更赞许张其成教授的一个小心翼翼的定位："它是一部具有人文科学特色的医学著作，它创造了一个以人文科学为特征的医学体系。"也许是我理解得太狭隘了，但我实在觉得"人文科学"这个词用得很出彩。

　　《黄帝内经》里边有不少道家的内容——"医易同源"是一种很流行的谬说，还有一种近似的说法是"医道同源"。清代词人纳兰容若曾讲：以一种药物医治一切病症，这就叫道；以许多药物合起来治疗一种疾病，这就叫医。医术是由轩辕和岐伯发明的，这两位都是神仙，所以说医术是道的余绪。（《渌水亭杂识》）

　　《黄帝内经》看上去确实很像"道的余绪"，但这些"余绪"并不属于黄老之学。后者的线索要到《汉书·艺文志》著录的道家作品里去找，诸如《黄帝四经》《黄帝铭》之类的。1973年，马王堆汉墓出土了帛书《老子》，同时还发现了四种古代逸书，即《经法》《十大经》《称》《道原》，唐兰先生以为这就是《黄帝四经》。这个考证虽然没有成为定论，但至少可以肯定的是，这四部书就是黄老一派的作品。白奚先生考证，《黄帝四经》就是对《老子》之学的继承和发挥。（《稷下学研究》）至于黄老之学的渊源到底在齐还是在楚，现在应该还算一个有争议的问题。

黄老之学，在"内圣外王"里尤其重于"外王"。司马谈（司马迁的父亲）曾经论述当时六大学派的要旨，其中对于道家，冯友兰先生复述说："这一家的人把它的形而上学和社会哲学围绕着一个概念集中起来，那就是'无'，也就是'道'。'道'集中于个体之中，作为人的自然德性，这就是'德'，翻译成英文的virtue（德），最好解释为内在于任何个体事物之中的power（力）。这一家，司马谈叫作'道德家'，后来简称'道家'。"（《中国哲学简史》）

这段话很有些问题。若从近现代看，第一个用西方现代术语阐释"道"的中国学者应该是胡适，他是从宇宙论上来做解释的，而冯友兰紧随其后，在同样的西学背景下以"无"释"道"，做了一个哲学本体论的解释。汤用彤先生还分辩过这两个方向，认为《老子》哲学本身是宇宙论的，而本体论则是王弼构建出来的。这个说法无论对错，至少说明了一个很要紧的事实：从本体论意义上大谈《老子》之"无"，把它作为本体，这是从王弼兴起来的，大约已是《老子》之后七个世纪的事情了。

现在看来，冯友兰先生的解释应该就是根源于我在前文讲过的那个《老子》衍文的错误，他从通行本《老子》第四十章的"天下万物生于有，有生于无"得出了这个结论（冯先生在《中国哲学简史》第九章里对这句话做出了本体论上的解释），今天却应该根据楚简本把它更正过来了，"无"并不是"道"。

还有一个地方需要稍微留心一下：virtue很容易让人把《老子》中作为专有名词的"德"理解为现代汉语里的道德、美德（现在的英语学界仍然惯用virtue来对译），[1]而更要紧的是，冯先生对"德"的定义在《老子》文本的本身其实找不到足够的依据，却是《庄子》做出了这个清晰的描述。[2]

不过，眼下最让我困惑的是，冯先生的这段转述和司马谈的原文几乎毫无联系，不知道问题出在哪里。

司马谈的原文，大意是说：道家是使人精神专一，行为合乎无形的规律，淡泊自足。他们的为政之道，是兼采阴阳家、儒家、墨家、名家、法家的长处，顺时顺势而动，既可以移风易俗，也可以建立事功。道家的意旨简单明了，容易掌握，用力省而收效大……道家之术，理论基础是"虚无"，实践方式是"因循"，没有一定之规，随机应变，因势利导。"虚无"是道的常态，"因循"是君主的纲领。群臣会集，让他们各自表现，其中名副其实的就是好干部，名不副实的就是不称职的干部。这样一来，好人和坏人自己显形，称职和不称职的人也各自显形，让君主在上边看个清楚，酌情用谁或者不用谁。这样一来，还有什么事情办不成呢？这样的做法是合乎大道的，看似混沌不明，其实金光万丈，复归无名。凡人都有精神和形体两个部分，精神太劳累了就会枯竭，形体太劳累了就会疲惫，精神和形体一旦分离，那人也就从此消亡了。死者不可复生，精神和形体分离了就不会复合，所以圣人对此是非常重视的。（《史记·太史公自序》）

司马谈讲的这些道家特点，似乎不大像我们熟悉的《老子》，更

---

1 新的哲学史作品里用到了更加精当的定义：The embodiment and function of Dao in individual things and the attractive quality of a Daoist sage（ Ivanhoe 1999），*History of Chinese Philosophy*，edited by Bo Mou.

2《庄子·天地》："泰初有无，无有无名；一之所起，有一而未形。物得以生，谓之德……"

不要说《庄子》了——因为司马谈那时候看到的道家,正是黄老之学的道家。[1]但是,其中的核心思想,确实都可以从《老子》当中推演出来。

那个时候已经不大说单独的《老子》了,更不怎么在意《庄子》,黄老之学却已经在时政舞台上很见功效了。而这一学派的成形,可以追溯到战国时代。

3

战国时代的楚国,有一位深山里的隐士,破衣服破鞋,只有帽子特别讲究,他喜欢戴一种特制的鹖冠,也就是用一种叫作鹖的野鸡尾巴的羽毛装饰起来的帽子,所以人们称他鹖冠子。

鹖冠子教过一个叫作庞煖的学生,庞煖后来在赵国发达了,在逆境之下打败了燕国侵略军,斩其大将剧辛。鹖冠子却生怕庞煖向赵王荐举自己,从此就再也不和他来往了。

不管鹖冠子老先生是怎么想的,但道家出身的学生很能打仗,这多少还是让人吃惊的。只可惜个案不足以说明问题,我们毕竟无法验证如果庞煖没学过道家理论,是不是就不会打仗。但无论如何,鹖冠

---

1 所以,司马谈所谓"论六家要旨",也有可能是针对他那个时代的学派情况。譬如道家,先秦时代是否已经可以称之为百家中的一家,是否可以算作一个学派,这还是很有讨论余地的。比如 Harold D. Roth 便一反传统地认为,所谓道家的老庄学派是公元三世纪的玄学知识界追溯性地建立的一个名号。(The Laozi in the Context of Early Daoist Mystical Praxis)

子留下的书里确实是有兵法内容的，尽管这部《鹖冠子》也不是出自鹖冠子一人之手。

《鹖冠子》这部书一直都有流传，却一直没受重视，原因是被大家当成伪书了。又要感谢1973年马王堆汉墓的发掘，正是那《黄帝四经》给《鹖冠子》正了名，于是对《鹖冠子》的研究一下子成为显学了。

我们用《黄帝四经》和《鹖冠子》，还有汉代非常显赫的《文子》等（《文子》身份的认证要感谢1973年河北定县出土的汉简），结合《老子》一起来看，大体就能知道战国直迄汉初的黄老之学是怎么回事了——正是司马谈论道家要旨的那些内容。司马谈说道家兼采阴阳、儒、墨、名、法诸家之所长，这也是实情，而且不止道家如此，儒家等也是如此。

所以，我们看汉朝的道家，还有两部很值得参考的书，一部是《淮南子》，这是淮南王刘安主持编撰的，以前常被认为属于杂家，但我以为这么讲就是没有与时俱进地以科学发展观看问题。——虽然道家到了《淮南子》确实杂了，但这个杂正是司马谈所谓博采众长的那个杂，骨子里还是道家，而且这部书也是为了迎合当时以黄老治天下的主流政治哲学的；另一部是《韩诗外传》，这是儒家的《诗》学经典，成书过程也比较复杂，但里边也有不少融会贯通之义，讲儒家话的同时常常杂着道家观点，甚至直接引用《老子》。

毕竟，学派与学派之间总是既互相斗争，又互相学习的。而且在天下定鼎之后，政府的发言权就太大了，学术的生存必然会采取与诸子百家时代不同的方式。几乎任何一种思想，无论是激进的还是保守的，无论是德治的还是法治的，一旦走入专制权力，也只会变作同一个样子。好在中央集权的成型要到汉武帝时代，此前的气氛还算比较宽松。

4

对于黄老之学，还有一个不大雅致的说法，叫作"君人南面之术"，很有法家的感觉。事实上《老子》对法家确实产生过很大的影响，《韩非子》就有《解老》《喻老》两篇，是最早的《老子》注讲本，但基本立场是法家的。其中偏重的，正是君人南面之术。这门学问还有一个名字，叫作"道论"，可见它和道家的关系。

君人南面之术，顾名思义，这是教人怎么做领导、怎么搞政治的，属于古代的组织行为学。《汉书·艺文志》议论道家，推测他们的前辈大概是古代史官，因为见惯了成败兴亡，所以知道秉要执本，清虚以自守，卑弱以自持，这就是君人南面之术。

这好像是说历史读多了，人就变精了，懂阴谋了。但从好处来想，《老子》确实很有史官特点。史官在汉代以前属于天官，是由巫师演变来的，除了记录历史之外，还负责官爵册命和天文历法。杨雄说"史以天占人"（《法言·五百》），就是观察天道来占验人事。尽管李零先生认为道家强调合天道、养性命，其源头应当与宰/膳夫系统的宫廷内官有关，因为这些人负责的就是养生知识和烹调技术（《中

国方术正考》），但听听《老子》谈道，好像史官风格还是稍稍重于大厨风格的。¹

这种来自史官习惯的思维特征，在《老子》里比较明显的有三种：一、推天道以明人事；二、辩证思维；三、以王侯为中心。（王博《老子思维方式的史官特色》）

这几点看上去都很现实，王侯若用起来，当真就是君人南面之术了。的确，在强大的实用主义传统面前，尤其在强有力的现实需求面前，有几个人会去关心宇宙论和人生论呢？尤其汉朝立国是在两千多年前，没有太多的历史经验可以参考，而且眼看着秦朝曾经那么辉煌显赫，统治仅仅两代就土崩瓦解了，这到底是为什么呢？我们汉朝会不会重蹈秦朝的覆辙呢？周朝搞的是封建制，结果乱了、亡了；秦朝搞的是郡县制中央集权，结果也乱了、亡了，我们汉朝应该怎么搞呢？

这一切一切，都是迫在眉睫的问题，所以不要谈什么"道可道，非常道"，更别提什么"道生一，一生二，二生三，三生万物"，就算是基督的福音或者牛顿的科学，此刻也要统统靠后，还是先解决这些现实问题吧。不要讲什么要做事先做人，眼下做事才是最要紧的。

究竟怎么做事呢？以下就要谈谈《老子》的核心思想了。

---

1 许地山的《道教史》（尽管这是一本很老的书）讲过道教的两个基础，老庄哲学是思想基础，巫觋方术是实践基础。可以和李零先生的意见参照来看。

第五章

《老子》之学的政治实践：
无为而无不为

1

《老子》的核心思想到底是什么呢？不同的人有不同的答案。

这里还要引一下冯友兰先生的《中国哲学简史》（这本书读者很多，所以对其中的问题我会讲得稍微多些）。冯先生谈到《庄子·天下》里的看法："老子的主要观念是'太一''有''无''常'。"然后解释道，"'太一'就是'道'。道生一，所以道本身是'太一'。'常'就是不变。虽然万物都永远可变，在变，可是万物变化所遵循的规律本身不变。所以《老子》里的'常'字表示永远不变的东西，或是可以认为是定规的东西。"

冯先生的这段复述，首先是与《庄子·天下》的原文稍有出入的。在原文里，"太一"云云是关尹和老子共同的主旨，后边还有两句，是说他们"以濡弱（柔弱）谦下为表，以空虚不毁万物为实"，接下来还分别引用了关尹和老子自己的话，都是隐士修身的内容。不过最可疑的是，《老子》通篇不要说主要观念是"太一"，甚至根本就没出现过"太一"这个词。

近年的出土文献应该可以解决这个疑惑：郭店楚简有《太一生水》，而上博简《恒先》首章就是"恒先无有"，"恒"就是"常"，"恒先无有"也就是"常无有"。这一来，《庄子·天下》那句描述老聃与关尹思想主旨的"建之以常无有，主之以太一"，就该被重新断句并重新理解了。李学勤先生以为，这说的并不是《老子》的思想，而是道家较晚的学说形态。(《楚简〈恒先〉首章释义》)裘锡圭先生则释读为"极无有"，《恒先》那一句也释读为"极先无有"。(《说"建之以常无有"》)争议不知道什么时候才能尘埃落定，《太一生水》到底属于道家还是阴阳家也是一个问题，都是需要继续讨论的。

冯友兰先生没见过这些新材料，只能在无米之炊里强作弥合，但说到归纳《老子》主旨的眼光，冯先生的哲学素养可能帮了倒忙。——哲学家总是一眼就先看到哲学问题，所以一开始就落入了对"道"和"无名"这两个哲学概念的辨析上去了，这在很大程度上要算是受到了通行本《老子》编排方式的误导吧，误以为"道可道，非常道"那一章真是开宗明义的内容。

正如哲学家总能一眼就看到哲学问题，政治家也总能一眼就看到政治问题。在秦汉之际的那个茫茫世道里，对权力有想法的人谁会在乎什么本体论、宇宙论，或者唯名论什么的呢。他们要的是药到病除，要的是立竿见影。

但是，药在哪里，竿又在哪里呢？

再看看诸子百家，法家的名声已经臭了，秦王朝成也法家，败也法家，而且败得那么快，让任何人都难以置信。儒家呢，纵然想用，也不是马上能用的。儒家强调名分，讲究礼仪，什么都要有板有眼、按部就班，所以，如果学得太深入了，就可能会变得比普通人木讷一些。在汉朝第一位官方大儒叔孙通为刘邦准备朝廷礼仪的时候，他奉旨行事，到鲁国去招聘儒生。这在当时就等于冷门专业遇上了热门招聘，很多人自然都会欣然而往，但是，偏有这么两个特立独行的儒生大大地不以为然，鄙夷地说道："现在天下初定，死人有好多还没埋，伤者有好多还没得到治疗，哪里是搞礼乐的时候呢！国家积德百年，而后才可以兴办礼乐。"（《史记·刘敬叔孙通列传》）

这种说法或许就是儒家真正的王道吧，孔子就给过他们以足够的理论依据："如有王者，必世而后仁。""善人为国百年，可以胜残去杀矣。"（《论语·子路》）而且这么想也不是没有现实上的考虑，毕竟搞儒家那套虽然前景大好（至少听上去是这样），但动静太大，成本太高，见效太慢。眼看着一个快要饿死的人，给他置办一套满汉全席，远不如赶紧丢给他两个馒头。[1]

对于那些汉代先贤来说，道家黄老之学正是这样的两个馒头。

优势是显而易见的：动静小，成本低，见效快。

那么，这妙方到底是什么呢？一言以蔽之：无为。这实在是《老子》的政治思想里最精华的内容，甚至连《老子》的作者都未必能认识到，这两个字到底有着多大的分量。

怎样才是"无为"呢？《老子》讲到无为的地方很多：

> 圣人处无为之事，行不言之教。（第二章）
>
> 为无为，则无不治。（第三章）

---

[1] 儒家内部也有相反意见，譬如王夫之以为，汉高帝建国之初，礼乐的建立本是刻不容缓的事情，如果等待百年之后，那时候条件会更加恶劣。但另一方面，纵使有心兴起礼乐，也未必能搞成功。（《读通鉴论》卷二）

爱民治国，能无为乎。（第十章）

道常无为而无不为。侯王若能守之，万物将自化。（第三十七章）

上德无为而无以为，下德为之而有以为。（第三十八章）

天下之至柔，驰骋天下之至坚。无有入无间，吾是以知无为之有益。不言之教，无为之益，天下希及之。（第四十三章）

为学日益，为道日损。损之又损，以至于无为。无为而无不为。（第四十八章）

我无为，而民自化。（第五十七章）

为无为，事无事，味无味。（第六十三章）

为者败之，执者失之。是以圣人无为故无败，无执故无失。

（第六十四章）

刘笑敢先生对《老子》的种种"无为"做过一个总结，说归根结底一句话，就是避免并贬损常规行为，以达到一种更高的精神境界以及更好的实践结果。（*History of Chinese Philosophy*，Edited by Bo Mou）刘先生研究《老子》偏于务虚，但也不得不强调务实的一面。汉朝立国，以黄老之术治天下，要点就在这"无为"二字。

2

刘笑敢先生在一篇论文里专门分析《老子》哲学的核心价值观，找到的答案是"自然"（它的意思是acting naturally 或者 letting things develop by themselves），而"无为"正是人们在行动中领会何谓"自然"的一种原则或方法。而在一般情况下，这两个概念是合并在一起的，并且常被交替使用，尽管它们实质上并不相同。（*An Inquiry into the Core Value of Laozi's Philosophy*）

但恐怕与刘先生把"自然"与"无为"提升到哲学高度不同的是，单在《老子》的文本里来看"无为"，似乎它正像刘先生一向所反对的那样，带着一股浓厚的政治手册的气息：这种话首先不是对老百姓说的，而是对统治者的进言；也不是让统治者什么都不做，而是让他们不要违背事物本身的发展规律来做事。

举个简单的例子，人要生活，总要吃饭、睡觉，"无为"不是让你不吃饭、不睡觉，而是让你顺应着你自己的生物钟和身体情况，也顺应着外界的环境变化来吃饭和睡觉。因为这么生活太符合自然规律了，一点都不勉强，所以不会感觉自己做了什么，而该做的事却不知不觉地全都做了，这就是"无为"。反之，如果饿了非要睡，困了非要吃，吃饱了还要吃，这就叫作"有为"。[1]

《老子》的"无为"政治观正是从"无为"的养生观合乎逻辑地推演出来的，怎么养生，就怎么治国，道理是相通的。生活有规律，淡泊无欲，不折腾，身体会好；所以政治这么搞，一样会好。[2]

顺应规律，就是合于道，而规律的一大特征就是有惯性。东西小，惯性就小；东西大，惯性也大。养生和治国没有质的不同，却有量的不同；量不同，惯性就不一样。船小还好掉头，航空母舰就很难掉头，最好的操作方法就是顺应它那巨大的惯性，赛车可以漂移而航母不能。所以，从"无为"顺理成章地就可以推出一个结论：因循。这也就是司马谈说过的："道家之术，理论基础是'虚无'，实践方式是'因循'，没有一定之规，随机应变，因势利导。"（《论六家要旨》）

从这里，我们就可以发现道家与其他诸子学派的一个本质差异：别人都是有具体招式的，道家却没有。比如儒家和法家，都属于典型的"以不变应万变"，自己那一套治国方略放之四海而皆准，道家却是"以无招胜有招"，只有寥寥的基本方法论而已，因循而不守旧。

也就是说，其他学派提出什么政治主张，都是目标导向型的，设定了一个具体的政治目标，比如资本主义蓝图或者社会主义蓝图，而道家则是方法导向型的，并没有什么具体的目标，强调的只是方法。于是所谓"因循"，并不是因循守旧，不是对既有政策的一成不变，

1《淮南子·原道》解释"无为而无不为"说："所谓无为者，不先物为也；所谓无不为者，因物之所为也。"也能成立。《庄子·庚桑楚》："出为无为，则是出于无为矣。"大意是说：在无为的情况下有所作为，这样的作为就是出于无为的。

2《庄子·让王》讲，道之真是用来治身的，它的余绪用来治国，它的渣土用来治天下。帝王的功业，只是圣人的余事而已。

而是首先基于对这样一个道理的尊重，即"形势比人强"，于是乎顺势而动，就好比顺水行舟，水流向东则向东，水流向西则向西，水流向资本主义则资本主义，水流向社会主义则社会主义。如果具体到改革问题，从学理上看，因循之道并不否定改革，但要强调，即便是很坏的政策，在大环境里实行日久，难免有了巨大的惯性，而且千头万绪、盘根错节，如果雷厉风行地断然刹车掉头，很可能会招致更大的麻烦。即便人心思变，掉头也要慎之又慎。

汉哀帝时期，师丹辅政，鉴于贫富悬殊之害，有心搞一些改革。师丹的说法是："君子为政，贵因循而重改作，然所以有改者，将以救急也。"也就是说，虽然要搞改革，但只是为了救急，为政的大原则还是该以因循为主。（《汉书·食货志》）

《庄子·养生主》中，庖丁为文惠君讲说自己游刃有余的解牛之道，有所谓"因其固然"。解牛之道通于养生，养生之道通于政治，这正是道家的一种典型逻辑。因循之治，《鹖冠子·度万》讲五种政治方针，其中就有"因治"，简而言之就是"因治者不变俗"。《文子·道原》则比较过因循无为与创新有为的优劣，旗帜鲜明地说："能因即大，作即细；能守即固，为即败。"直到几百年后，天才少年王弼撰写《老子微旨例略》，总结《老子》之学的大要，一点不带魏晋玄学的浮夸，说得非常中肯：

> 因而不为，损而不施；崇本以息末，守母以存子；贱夫巧术，为在未有；无责于人，必求诸己；此其大要也。

这段话相当简单易懂，开头的"因而不为，损而不施"，表现在施政上，正是在因循的过程中实行渐进的改良，而这种改良并不是渐渐增加新项目，而是渐渐减损旧项目，也就是《老子》所谓的"为道日损"。

易中天先生讲道家是理想主义，"要做就做最好的，做不到最好的就宁可不做"；相形之下，儒家则是现实主义。这恰恰说反了，道家如果真那么理想主义，就不会有"文景之治"了。

道家确实在修身上有着非常理想主义的一面，在《庄子》中表现得最明显，而在治国方略上却有着非常现实主义的一面，也就是前文讲到的那三个特点：动静小，成本低，见效快。之所以如此，关键就在"因循"两个字上。

马王堆帛书《经法·君正》甚至给出了因循之道的具体办法，认为一位新上任的统治者治理国家，第一年应该从俗，第二年开始起用有德之人，循序渐进，一直到第七年。不过，人家不是说到了第七年就是太平盛世了，而是说这时候就可以操纵国内的老百姓去打仗了。

以前我在《春秋大义》里提出"因循"这个词的时候，很惹一些道家支持者的不快，我当然觉得很冤枉，因为一来这里的"因循"绝对不含贬义，甚至是个褒义词，二来这是司马谈说的，我只是转述而已（司马谈的原话是："其术以虚无为本，以因循为用。"）。但是，这些读者感到了不快，这件事本身就很能说明问题——说明的是一个古今语境的差异。

我们最切身的传统，从"五四运动"以来就是革除帝制、打倒孔家店、推行白话文，后来又闹革命，连改良派都被打成反动派了；然后又是批林批孔批四旧什么的，最近三十年的主旋律是改革开放，最有魄力的改革家们不断成为聚光灯下的骄子，所以我们天然地就会把"改革"和"革命"当成褒义词，把"因循"当成贬义词。这当然没错，比真理更正确，但是，古人并不这么想问题，甚至还常常持有相反的看法。

道家《慎子》专有一章，题目就叫作《因循》，提出了一种很先进的管理思想：人都有自利性，为自己做事最有积极性，所以管理者应该顺应这种人之常情，给人安排的工作要让他觉得不是在为老板打工，而是在为自己做事。

因循，就要顺应世态人情。安乐哲总结过，认为道家评价一个历史时代是好是坏，标准就是看它是否有益于人们的天性发展。(*The Art of Rulership*)那时候诸子百家关注人性问题，性善、性恶地争辩不休，因为他们都想研究出基本人性，然后把它作为自家政治理论的牢固基石。道家研究这个问题，不大关心善恶，更关心的是"发展趋势"。找到趋势，顺应趋势，就会事半功倍。

我们还可以看看汉朝初年，先贤们面临着一个很严峻的在废墟中重建国家的问题，但他们就不想搞什么跃进，也不想搞什么激进式改革，而要搞渐进式改良。船太大了，不好掉头，怎么办呢？因循，在因循的过程中因势利导。

汉初的因循表现在几个方面，一是当时大乱方歇，人心思定，所以要顺应人心，政府最好静悄悄的，让社会自己去疗伤；二是在制度上，旧制度无论好坏，毕竟施行了那么多年，不要说变就变，于是乎"汉承秦制"。汉初制度绝不是一个"约法三章"就可以一带而过的，就拿秦始皇著名的"挟书令"来说吧，和"焚书"基本上是一回事，这项法令直到汉惠帝四年才告废除，而从董仲舒"天人三策"和路温舒的《尚德缓刑书》以及其他种种线索来看，那时候的繁义缛法是相当恐怖的；而在权力格局上，也形成了皇室、政府、诸侯三分权力的特殊结构，既有周代分封制的痕迹，也有秦朝中央集权的遗存，而这样的结构与其说是有意为之的，不如说在更大程度上是自然形成的，直到汉武帝的时候，才彻底改变了这个局面。

微观一些来看，因循风格最有代表性的例子就是曹参。萧何死后，曹参继任做了丞相。按照我们习惯的想法，新官上任三把火，何况这位新官是位政府总理呢。更何况，汉朝初年相权极大，[1]当时的丞相府，规模近乎一座小皇宫，东西南北都有大门，昼夜都在接收各地的报告，向各处发布政令，里边有几百人集体办公。丞相一家人都住在相府内宅，相府四周都是员工宿舍。规模之大，人员之多，几乎能赶上现在一个县政府了。曹参坐镇中央，正是大展拳脚的时候，他却别说新官上任三把火，简直可以说是无所事事。

汉惠帝有些不满，以为是老干部不服自己这个小皇帝的调度，而

---

1 很多人都读过钱穆的《中国历代政治得失》，对汉初的相权之大应该印象很深，但钱先生的考据有点小问题，汉初相权虽大，却还没有大到他所描述的那个程度：以宫中"六尚"之一的尚书为皇帝的秘书处，以"三公"之一的御史大夫为副丞相，掌监察，辅助丞相来监察一切政治设施，"于是在御史大夫，即副丞相之下，设有一个御史中丞，他便是御史大夫的副，这个人就驻在皇宫里……皇室的一切事，照例都归御史中丞管。御史中丞隶属于御史大夫，御史大夫隶属于宰相，如是则皇室一切事仍得由宰相管"。但御史大夫应该是宫官（杨鸿年《汉魏制度丛考》分汉代中央职官为省官、宫官、外官），机构设在宫中司马门内（《汉旧仪》《汉官仪》），皇帝诏书就是经过御史大夫之后下达给丞相的，类似于皇室的秘书长。

曹参的解释是：从能力上说，您这个皇帝不如上一任老皇帝（刘邦），我这个丞相也不如上一任老丞相（萧何），所以对他们定下来的规矩，我们只要照着做就是了，弄出新动静来反而容易适得其反。

曹参的这个作风，好像完全是《庄子·徐无鬼》教出来的——齐国的贤相管仲病危，齐桓公来看他，询问谁能做他的接班人。齐桓公本来属意于鲍叔牙，但管仲说鲍叔牙为人廉洁而明察，对上会违背国君，对下会违逆民意，不是一个合适的人选。

管仲推荐的接班人是隰朋，他的为人正好和鲍叔牙相反，国君和他相处会很惬意，下面办事的人也愿意拥戴他，他对国事并不多加干预，对家事也从不苛察。

无论是隰朋还是曹参，给人的印象都不是精明强干的政治家，却更像是心宽体胖的老好人。这是《庄子》的政治主张，也是道家一以贯之的施政纲领，历代爱好《庄子》的人常常忽视这些内容。

讲到这里，本来很适合谈谈"这个故事给我们现代人的启迪是……"但是，环境不一样了，不宜刻舟求剑。

我们要知道，曹参之所以能这么做，一是因为当时的皇权还没有到达集权的程度，二来曹参是资深的老干部，汉惠帝是敦厚的小皇帝，有这种特殊背景在。如果换到一般环境，新上任的人一定要做出显而易见的成绩，而无论会不会造成无穷后患，甚至就算瞎折腾，也要折腾出能让领导看得见的动静来。

那么，这就难免触发一个问题：如果身处这样的一个组织环境里，什么才是无为之道呢？是否有为甚至胡作非为才是无为呢？这看上去是一个悖论,《老子》里边有答案吗?

　　遗憾的是,《老子》对这个问题并没有给出答案,因为它不需要解答这种问题——书是写给统治者看的,而那个问题明显是被统治者的问题。黄老之学还有一个要领,叫作"君臣异道",用法家的话说就是"君无为而臣有为",要的是老板闲死,员工累死,做员工的绝对不能"无为"。

　　这个道理最适合用易理来解释(恰好古代易学的一大传统就是以易理喻政治):一个完善的结构一定是阴阳平衡的,并且是一种动态的平衡,一阴一阳,一动一静,而不能是纯阴或纯阳、都动或都静。君臣关系构成了一个统治结构,君处阴则臣处阳,君处静则臣处动。那么,顺理成章的是,君无为则臣有为。

　　《韩非子·守道》说,君主只要把赏罚制度搞好,从大臣到百姓都会自动地为了获赏避罚而使出吃奶的力气。大家都这么奋发有为,君王自然可以高枕无忧了。

　　《韩非子》说这种话无可厚非,但是连《庄子·在宥》都说"道"分成天道和人道两种,无为而尊贵的是天道,有为而劳苦的是人道;君主遵循天道,臣子遵循人道。天道和人道天差地别,一定要区分仔细!——但凡对《庄子》稍有几分熟悉的人,恐怕也很难相信这种话会是庄子说的,所以学者们力主这段文字是后人的胡乱羼杂,不是《庄子》的思想,应该删掉。但是从黄老一系的发展来看,这种思想确实是道家理论合乎逻辑的发挥。[1]

这样的"道"，看上去反而像"法"——我们不妨参照一下王夫之的意见："以法治国，则君主安逸而天下困苦；以道治国，则天下安逸而君主劳顿。"（《读通鉴论》卷一）

《庄子·天地》中，许由向尧讲述齧缺的为人，说他聪明睿智，属于有为之人，所以不宜做天子，然后说："虽然，有族，有祖，可以为众父，而不可以为众父父。"这句话的意思很可能是说，齧缺这种类型的人可以做百姓的官长，但不宜做天子或国君。这就意味着《庄子》里确有支持君臣异道、君无为而臣有为的内容。

3

《国语·鲁语下》记载了公父文伯的母亲告诫儿子的一番做官的道理："过去圣王治理人民，总是挑贫瘠的土地让他们去种，让他们一直都过劳苦的日子，所以圣王才能一直维持着他的统治。"至于这个骇人听闻的道理为什么能够成立，理由有点貌似《孟子》的名言"生于忧患而死于安乐"，只不过这里是用老百姓的忧患保障了那位圣王的安乐。

---

1 有趣的是，《庄子·天道》（和《在宥》都属于《庄子》"外篇"）却讲了一番完全相反的道理，说虚静无为之道是君臣通用的。话是这么说，但我们很难想象这道理该怎么付诸实践，很可能是因为上古的君臣关系大大不同于战国时代。而同在这一篇里，又有一大段内容讲君主和臣子不可以都无为或者都有为，以至于古往今来许多学者都认为这些内容有悖于庄子学派的一贯宗旨，应该删掉。

《淮南子·道应》则讲过一个更加匪夷所思的故事：周武王灭掉商纣王，得了江山，可心里不大安稳，于是请教姜太公说："我夺了商纣王的天下，这是以臣弑君、以下犯上的行为呀。如果后世有人效法我的样子，搞得兵祸连绵，那可就不好了。你看这该怎么办呢？"

姜太公答道："人王您能提出这个问题来，这很好。这就好比打猎，猎物还在活蹦乱跳的时候，猎人唯恐把箭射轻了，可等到猎杀成功之后，又希望猎物的伤口越小越好。

"您如果想长久地占有天下，最好的办法就是蒙住老百姓的眼睛，堵住老百姓的耳朵，引导着他们多做一些无用功，同时，用烦琐的礼乐来教化他们，让他们各自安于本职工作，养成他们安逸的心态，让他们的脑袋从清清明明变成浑浑噩噩。

"达到这种程度之后，再摘掉他们的头盔，给他们戴上以翎毛装饰的帽子；解下他们的刀剑，让他们手持笏板；制定为期三年的守孝规则，以此来限制他们的生育；大力宣讲等级秩序和谦卑退让的精神，让他们不起争斗之心；多给酒肉让他们好吃好喝，再用音乐使他们好玩好乐，用鬼神使他们敬畏天命，用繁文缛礼使他们丧失自然天性，用厚葬久丧使他们耗尽财产，让他们为丧事置办奢侈的陪葬品，这样来使他们陷入贫穷，让他们挖壕沟、筑城墙来耗费体力。这样做下去，就没有多少人还能犯上作乱了。只要这样移风易俗，就可以永葆江山。"

《淮南子·道应》最后用姜太公的这番话来说明《老子》里的一句："化而欲作，吾将镇之以无名之朴。"这是通行本《老子》第三十七章的内容，用陈鼓应先生的翻译，这是在说："（万物）自生自长而至贪欲萌作时，我就用'道'的真朴来震住它。"

我们看姜太公这番话，实在太歹毒了，当真是以"愚民"为指导思想的，而在具体的愚民手段上，正是司马谈所谓的兼采百家之长——既有儒家的礼乐，也有墨家的明鬼，尤其是这句话："让他们挖壕沟、筑城墙来耗费体力，这样做下去，就没有多少人还能犯上作乱了。"这应该是姜太公全部这番话里最令人气愤的一个观点了。但遗憾的是，正如哈耶克曾经感叹的，"最坏的家伙最容易爬到权力的顶峰"，最恶毒的主意也同样最容易得到广泛实施。所谓劳民伤财有助于政权稳定，说的就都是这样的事，这就是黄老思想的一个要点：君臣异道。[1]

如同愚民术一样，"君臣异道"也是一种普世性的政治智慧，譬如亚里士多德概括过他那个时代所观察到的称为"僭术"（僭主的家法）的统治技术："僭主的习惯就是永不录用具有自尊心和独立自由意志的人。在他看来，这些品质专属主上，如果他人也自持其尊严而独立行事，这就触犯了他的尊严和自由；因此僭主都厌恶这些妨碍他的权威的人们。暴君还有宁愿以外邦人为伴侣而不愿交结本国公民的习性，他们乐于邀请外邦人，同他们聚餐并会晤；他们感到外邦人对他们毫

---

[1] 并不是中国古人尤其歹毒，这实在是一个普世性的问题。亚里士多德亦曾以一种讥讽的语调阐述过一个僭主保持权力的必要措施，看起来和姜太公的见解不约而同：一个僭主必须防止任何一个有特殊才干的人脱颖而出，必要时得采用死刑与暗杀。他必须禁止公共会餐、聚会以及任何可以产生敌感情的教育。绝不许有文艺集会或讨论。他必须防止人民彼此很好地互相了解，必须强迫人民在他的城门前过着公共的生活。他应该雇用像叙拉古女侦探那类的暗探。他应该散播纠纷并使他的臣民穷困。他应该使人民不断从事巨大的工程，如像埃及国王建造金字塔的那种做法。他也应该授权给女人和奴隶，使他们也成为告密者。他应该制造战争，为的是使他的臣民永远有事要做，并且永远需要一个领袖。（罗素《西方哲学史》，商务印书馆，上册，第247-248页。）

无敌意，而公民却抱有对抗的情绪。"(《政治学》卷五）

亚里士多德的这番见解很大程度上源自他的师承，《理想国》里的苏格拉底在描述僭主独裁者的时候就说过类似的话：一个十足的僭主独裁者……在他已经和被流放国外的政敌达成了某种谅解，而一切不妥协的也已经被他消灭了时，他便不再有内顾之忧了。这时他总是首先挑起一场战争，好让人民需要一个领袖。而且，人民既因负担军费而贫困，成日忙于奔走谋生，便不大可能有工夫去造他的反了。(《理想国》卷八）

这些两千多年前的西方智慧，对于中国读者来讲一点都不陌生，黄老学者尤其会引之为同道。

另一方面，所谓"君臣异道"，最高统治者"无为而治"了，可具体工作总得有人来做。若全国人民一起"无为"了，当然只能一起饿肚子。所以，越是下层的人就越得"有为"，就越得和领导之道反向而行。就算实在没事，也得给他们找点事出来。

从管理角度来讲，如果只看积极的一面，这倒很有几分道理。有过大公司总裁经历的巴纳德曾就这个问题发表过著名的看法：总裁的任务不是亲力亲为，而是为下属们维系一个良好的工作环境。(《管理的功能》)为什么要维系这个良好的工作环境呢？自然不是让下属们无为，而是让他们有为，最大限度地有为。

这个道理至少适用于两个层面，一是在管理层内部来说的，二是作为宏观上的治国来说的。

管理层内部的无为，举个三国时候的例子：陈矫在魏国担任尚书令，有一次魏明帝突然造访，陈矫赶紧接驾，问道："陛下这是想去哪里呀？"魏明帝说："我就是来你这儿，想进来看看公文。"陈矫说："看公文这是臣子我的职责，不是陛下该做的。如果陛下觉得我不称职，就罢免我好了。您还是起驾回去吧。"这一番话说得魏明帝羞答答的，真就掉转车头回去了。（《三国志·魏志·陈矫传》）

建安年间，徐干也从理论高度讲过这个道理：做帝王的，就算眼睛再怎么尖，就算耳朵再怎么灵，就算书法、算术、射箭、骑马样样第一，可对治国有什么用呢？这都是掌管具体工作的小干部的素质，而不是人君的素质。帝王就算这些样样都不会，天下难道就会乱吗？（《中论·务本》）

徐干描述的这个理想统治者的特殊素质，在《论语》里叫作"君子不器"，在刘邵品评人物的名作《人物志》里叫作"其质无名"，后者至少从字面意义上应了《老子》那句"无名，天地之始；有名，万物之母"。[1]这种人业无所专，不是专业人才，处理具体事务不大在行，但可以统筹调动各种人才。

这是管理学的精髓，刘邦就很擅长。刘邦总结自己的成功经验，说过一段很著名的话："运筹于帷幄之中，决胜于千里之外，我不如张良；镇国家、抚百姓、给馈饷、不绝粮道，我不如萧何；连百万之军，战必胜，攻必取，我不如韩信。这三位都是人中之杰，我能够任用他们，所以我才能拥有天下。"

这段话到了唐代，被赵蕤引到了他的《反经》里作为例证，用以

---

1 这句话的断句有两种。比较传统的是"无名，天地之始；有名，万物之母"，新一些的是"无，名天地之始；有，名万物之母"，我自己倾向于前一种，此不细辨。

说明"知人者，王道也；知事者，臣道也"。不仅如此，无形的东西才是有形万物的主宰；看不见源头的东西才是世道人情的根本。鼓不干预五音，却能够统御五音。掌握了君道真谛的人，不去做文武百官各自负责的具体事务。

这也就是《申子》说的"君知其道也，臣知其事也"，《尸子》也说："人臣者，以进贤为功也；君者，以用贤为功也。"——这都是对《老子》"无为"理论的详细发挥，读过《古文观止》的人应该记得有一篇柳宗元的《梓人传》，用木匠打比方来讲宰相之道，也是这个道理。

然而看到这里，我们就会发现一个有趣的现象：同一套道理，往玄而又玄的方向上说，就是许多人心目中的《老子》，一旦落实到具体的操作层面，却每每流入法家。

《管子·心术》讲到心与九窍的关系，说在人体之内，心处于君主的地位，九窍（两眼、两耳、两鼻孔、口、前后阴）处于臣子的地位。心如果被嗜欲充满，九窍也就无法各司其职了，比如眼睛就会视而不见，耳朵就会充耳不闻。（可以想象一下，当一个人处在"窈窕淑女，寤寐求之"的阶段，应该就是这个样子了。）所以说"上失其道，下失其事"。

心是通过虚静无为来管理九窍的，所以为君。既然处在君位，就不要代马去跑，而要让马尽力去跑；不要代鸟去飞，而要让鸟尽情去飞；不要越俎代庖地干预下属的工作。

处于君位，就要静，就要定。从阴阳来说，人君处于阴位，阴的特性是静，动则失位。阴可以控制阳，静可以控制动，所以为君之道"静乃自得"。这完全是从《老子》发展来的。

但有必要说明的是，事物一入阴阳范畴，难免各人有各人的划分方法。1973年马王堆出土的黄老文献《称》里，概述阴阳分类，说君属阳而臣属阴，属阳的依从天之道，属阴的依从地之道，地之道是平稳而静谧的。——如果依照这个说法，就该是君有为而臣无为了，完全反了过来。

回头再看《管子·心术》，讲得非常形象：心既不能看，也不能听，仿佛是"无为"的，但它只有无为，九窍才能老老实实地各司其职；如果心居然"有为"了，要么利欲熏心，要么意乱情迷，九窍也就功能紊乱了。君道就是心道，以无为制有为，以静制动，这才是天下正道。

统治者与下属的关系，就是心与九窍的关系。《管子·内业》又说："我心治，官乃治；我心安，官乃安。"（"官"是"五官"之"官"）

从修身和组织行为学上来说是一番道理，而从宏观上的治国来看，还有另一番道理：往往统治者越是无为，老百姓就越有干劲。汉朝休养生息，正是有了统治者的无为，才有了被统治者的加倍有为。政府干涉得少了，人民的工作积极性就高了，工作效率也高了，种地的忙着种地，经商的忙着经商，小日子越发过得红红火火起来。

不过在家天下的时代，老百姓把自己养肥了也未必就是好事，因为养肥了就该被宰来吃肉了。骨瘦如柴、弱不禁风的时候可以休养生息，刚一养肥就进入汉武帝那个轰轰烈烈的时代了。这又应了《老

子》的一句名言："祸兮，福之所倚；福兮，祸之所伏。"（通行本第五十八章）

4

至此，或许会有人提出这样的一个问题：如果统治者根本就什么都不做了，或者根本就不存在统治者了，社会会是什么样子呢？那些种田的人、经商的人，他们的工作积极性会不会更高，日子会不会过得更好呢？

这在我们许多人看来，都是一个无比荒谬的问题，而在那些古典的社会契约论者眼里，这却是一个绕不过去的问题。对这个问题，我们最熟悉的应该就是霍布斯在《利维坦》里的论述，他以人类学尚未诞生之前的人类学素养，令人印象深刻地描绘了一个在没有政府的自然状态下的人类社会的悲惨景象，那是"所有人对所有人的战争"。

在这个虽然令人不快却言之凿凿的大前提之下，霍布斯顺理成章地论证出了人们为什么要让渡主权，听任唯一的主权者高踞自己的头上。人们当然不会喜欢暴君的专制，但不得不两害相权取其轻，因为无政府的自然状态远比任何一位暴君治下的暴政更可怕。

令人有些灰心的是，我们并不容易在霍布斯的论证过程里找出什么逻辑上的纰漏，但是人们渐渐发现，无政府的所谓自然状态其实根本就不是"所有人对所有人的战争"，甚至比我们所熟知的任何一个文明世界都更加洋溢着美德。

克鲁泡特金正是基于这样的知识写出了他那本著名的《互助论》，这本书以大量的篇幅描述了动物之间的、蒙昧人之间的、野蛮人之间的、中世纪城市之中的种种互助行为，认为互助而不是竞争才是生物进化的主要因素。竞争主要表现在群与群之间，而恰恰是互助性越强的种群才越容易在竞争中获胜。于是克鲁泡特金本人从一位有着相当声望的地理学家变成了一名无政府主义的光辉旗手。[1]

克鲁泡特金当年靠着许多也许经不起严格检验的材料得出来的这个结论，现在已经进入了生物学和心理学的研究领域，群体选择的说法已经得不到太多支持了，对生物的利他主义的研究则是一个充满争议的迷人地带。

至于无政府主义，尽管人们对它早已有了五花八门的学理上的批判，但是，克鲁泡特金的致命伤其实发生在一个非常显而易见的层面上：即便他对动物之间与蒙昧人之间等互助现象的描述完全正确，但既然人类社会已经自然发展到了国家与政府高度发达的社会，就不可能再退回到那个互助互爱的、无政府的、古老的黄金时代了，经历过文明社会的人们也很难再返归原始的淳朴。

虽然《老子》说"古之善为道者，非以明民，将以愚之"（通行本第六十五章）——《老子》的"愚"总有褒义，是淳朴的意思，

---

1 或许是一种有趣的巧合，在《互助论》出版之前的几十年里，约翰·斯图亚特·穆勒汲汲于推动英国政府做出这样的一种社会改革：工厂内部搞互助，工厂之间搞竞争。但他们并不把这种改革叫作无政府主义改革，而是叫作社会主义改革。

这句是说，古时候善于行道的人，不是教人民精巧，而是使人民淳朴。——但现在还能这样做吗？这就和克鲁泡特金的理想一样，即便这不是一个"不为"的问题，至少也是一个"不能"的问题。[1]

不过，克鲁泡特金的话仍然可以给我们一个很要紧的启发：无政府的状态未必就像许多人想象的那样可怕，至少经济效率通常是与政府的管制程度成反比的。哈耶克就曾把资本主义文明的产生与扩张归功于欧洲当时的无政府状态。（《致命的自负》）

西德的发展则是一个非常切近的例子，它仅仅在十年之内就从一个战败的、凋敝的国家，变成欧洲大陆上经济最强大的国家之一。用弗里德曼的话说，"这是自由市场创造的奇迹"。当时德国的经济部长路德维希·艾哈德在一个星期天里下令发行一种新的货币，就是后来的西德马克，同时取消了差不多所有对工资和物价的管制。"他的措施像是具有魔力。几天之内，商店里便摆满了货物。几个月之内，德国的经济就活跃起来了。"（弗里德曼《自由选择》）

这种情形，正是谷底效应和自由经济结合的产物，是最有立竿见影之效的。汉朝初年的情况也差不多，谷底效应加上（近似的）最低限度的政府（而不是无政府），于是就有了"文景之治"。

尽管谷底效应并不是人们乐于看到的，但最低限度的政府在今天仍然是许多人心目中最理想的政府。换句话说，这样的政府就是平时感受不到其存在的政府——它只负责国防、治安，并保障契约的履行，这应该也算是自由主义意义上的无为之治吧。

---

1 就像莫斯卡说的，一种政治制度要在不同文明的民族间反复出现，并且持续很长时间，而这些民族之间罕有物质和文化的交流，那么这种制度必须在一定程度上符合人类的政治本性。（《政治科学原理》）

所以，自由主义者天然会对《老子》有很深的亲切感，譬如1966年，哈耶克在佩勒兰山学会东京会议的发言上，就引述了《老子》的"我无为而民自化，我好静而民自正"（通行本第五十七章），这也许就是世界上最古老的"自由秩序原理"了。

但也有一件颇可怪异的事情：明明是政府的不管或少管才使凋敝的民生迅速复苏，我们却很愿意或者很容易相信，之所以有这种繁荣的局面，完全是因为政府管得好。当然，政府管得越多，官僚集团的寻租空间也就越大。

这好像不大符合《老子》的道理，《老子》说："最好的统治者总是不声不响地就把事情办好了。事情办好了，老百姓却说：'我们本来就是这样的呀。'"（通行本第十七章："功成事遂，百姓皆谓：'我自然。'"）

韩禄伯（Robert G. Henricks）描述道家心目中的统治者的理想范本说：道家的理想统治者治理百姓就像大地生养万物一样，他的目标是要看到国内所有的百姓都得到了养育，然后顺利地成长、成年，直到走到自然寿命的尽头；他还要创造条件，使每个人都得到顺应各自天性的发展。他虽然要做这么多事，却尽可能地不去干涉百姓们的生活，就像置身于谁也看不见、谁也想不到的幕后一样。当他实现了这些目标之后，也不会自我标榜，百姓们则会以为这些事情都是自然而然形成的。（*Re-exploring the Analogy of the Dao and the Field*）

这的确非常"理想"，以至于让我们不忍心参照现实。的确，在历史上常见的情况却是：统治者先是剥夺了老百姓的很多权利，时间长了，百姓们就会相信自己天然就没有那些权利了。等到出现一些社会问题了，统治者不得不放松一些管制，大张旗鼓地以施恩的姿态把原先从百姓身上剥夺来的权利让渡一些回去。百姓们得到了一些实利，受到了一些"尊重"，于是更加感恩戴德起来。

　　对于治世或盛世，谷底效应也是一个不可忽视的因素。民生在大乱之后凋敝之极而迅速反弹，正是《老子》所谓的"反者，道之动"（通行本第四十章）。所以盛世往往出现在一个朝代的前期，我们总是习惯性地认为这是因为前期的君王励精图治，并且比继任者们更加精通治国之道，正如费正清概括的："总的来说，各王朝统治者的能力是呈现下降的趋势。"（《中国：传统与变革》）但历史分明已经证明了，创业期的君王即便执行着一种相当荒谬的治国之道，也一样会打造出一派盛世的景象。

第六章

作为一种社会主张的
"道可道，非常道"

1

正如秦帝国灭亡的原因是中国历代时时会被论及的问题，罗马帝国的衰亡也是西方人抱有长久兴趣的话题。为我们所熟悉的著作，有历史学家吉本撰写的《罗马帝国衰亡史》，有启蒙主义思想家孟德斯鸠撰写的《罗马盛衰原因论》，还有以历史作品赢得了诺贝尔文学奖的蒙森的《罗马史》。但这不妨碍我们再听听经济学家哈耶克在二十世纪八十年代为罗马的衰亡所找出的原因：正是因为一个"强大的"政府的存在，才一再中断文明的进步和成长过程。

他接下来的议论才是真正会让我们皱眉的。——基于李约瑟的研究，哈耶克说："如果说，罗马的衰落并没有永久终止欧洲的进化进程，但是亚洲的类似发展却被强大的政府所阻止，这些政府也有效地抑制了私人的首创精神。其中最显著者莫过于中华帝国，在一再出现的政府控制暂时受到削弱的'麻烦时期'，文明和精巧的工业技术获得了巨大进步。但是这些反叛或脱离常轨的表现，无一例外地被国家的力量所窒息，因为它一心只想原封不动地维护传统秩序。"（《致命的自负》）

我们或许会由此而追忆那个传说中的尧舜时代："日出而作，日入而息。凿井而饮，耕田而食。帝力于我何有哉。"那时候天下太和，百姓无事，完全感受不到统治者的存在，一位老者就这样悠悠然击壤而歌，这正是道家崇尚的世界呀。

在十四世纪下半叶，英国一位叫约翰·保尔的教士也写过类似的两句诗："在亚当耕田、夏娃织布的时候，谁是老爷？"——几年之后，这位教士身体力行地去实践自己诗歌里的理想，参加了瓦特·泰勒领导的那次著名的农民起义，最后失败被杀。

2

在《猎人笔记》的一则故事里，屠格涅夫很不解地问一个叫霍尔的农夫，为什么不向他的主人赎身，霍尔反问道："我为什么要赎身呢？"

霍尔虽然存够了钱，但他的顾虑是：不赎身的话，自己只有一位主人；一旦赎了身，所有的绅士和官吏就都能管到自己了。摆脱了一位老爷，却换来了更多的老爷，这当然很不划算。

的确，无论人们愿不愿意接受，老爷总是存在的，尤其在国家变大之后，比如战国时代的列强们，人们更觉得没有老爷是绝对不可以的。所以《管子·权修》说："万乘之国，兵不可以无主；土地博大，野不可以无吏；百姓殷众，官不可以无长；操民之命，朝不可以无政。"

就连《老子》也主张圣人治国，区别只在于老爷到底怎么做。[1]这里首先有一个考据上的问题：在帛书本和通行本里有一个很难自洽的地方，一会儿说"圣人处无为之事，行不言之教"，一会儿又说"绝圣弃智，民利百倍"，那么，到底是要圣还是不要圣呢？

这个矛盾实在太黑白分明了，断然无法调和，所以陈鼓应先生当年只能做出这样一种解释："圣"在《老子》里有两种用法，一种是圣人的"圣"，是指最高的修养境界，另一种是自作聪明的意思。(《老子注译及评介》)

但现在我们有楚简本了，简甲本第一组开篇就是"绝智弃辩，民利百倍"。

通观楚简本，"圣"并不存在陈先生当初所说的第二种意思，也就不存在不自洽的问题了。看来这是道家后学把文字改掉了，但改得不够彻底，让后人困惑了那么久。——当然这并没有困惑住所有人，比如唐兰先生早在二十世纪三十年代就提出，"绝圣弃智"云云与《老子》通篇对圣人的推崇很是矛盾，想来是后人羼杂进去的。(《老聃的姓名和时代考》)

话说回来，圣人也好，老爷也罢，总之是统治者，那么统治者为什么要干涉或管制老百姓生活的方方面面呢？一个最容易的也是政治上最正确的回答是：他是老爷、是圣人、是统治者，既然站得高，自然看得远。如果他貌似粗暴地对待我们，那其实只是爸爸对儿子的那种粗暴："爸爸打你，还不是为了你好！"只是，作为年幼无知的儿

---

1 不只是《老子》，逍遥如《庄子》也心安理得地承认这个事实。《庄子·天地》："天地虽大，其化均也；万物虽多，其治一也；人卒虽众，其主君也。"

子，我们暂时还理解不了爸爸的爱心和高瞻远瞩。

但是，他是否真的高瞻远瞩，是否真的有足够的智慧可以设计和安排一个国家的方方面面呢？这就要回到方才作为考据问题而提出的楚简本《老子》的那句"绝智弃辩，民利百倍"，《老子》恰恰是宣扬反智主义的。为什么要反智呢？因为治国要合于"道"，然而"道可道，非常道"。

3

这个理由貌似有一点玄妙，但我们用《庄子·知北游》的一则寓言就可以很轻松地解释其中的道理。

所谓"知北游"，是说一个名叫"知"的人到北方旅行的见闻。古代"知""智"相通，《庄子》用的是一种特殊的拟人方式，在中国传统里比较少见，却是英国十七八世纪的文学家们极爱使用的一种修辞。

这位叫作知的先生到北方游历，在一处同样有着隐喻意义的水滨丘陵见到了一位叫作无为谓的人。知向无为谓请教说："请问，怎样想才能想通什么是道，怎样立身处世才能安于道，怎么做才能获得道？"知先生一连问了三次，无为谓都不作答。他其实不是不想回答，而是不知道该怎么回答。

知先生只好带着遗憾离开了，不久又遇到了一位叫作狂屈的人，便用同样的问题问他。狂屈说："唉，你这些问题我倒是知道，只是才要告诉你，却突然忘记了要说什么。"

知先生无可奈何，回到帝宫，去问黄帝。黄帝说："没有思索、没有考虑才懂得道，没有居处、没有行为才安于道，没有途径、没有方法才获得道。"

知先生总算知道了，却又生出了一个新问题："咱们两个都知道了，他们两个却不知道。到底谁对呢？"

黄帝答道："无为谓才是对的，狂屈也算差不多对了，咱们两个还离得远呢。知道的人不说，说的人不知，所以圣人才要行不言之教。"黄帝说的这是《老子》的名言："知者不言，言者不知"（通行本第五十六章），"是以圣人处无为之事，行不言之教"（通行本第二章）。

黄帝接着又说了一些"道不可致，德不可至"之类的话，然后又引《老子》："失去了道于是有德，失去了德于是有仁，失去了仁于是有义，失去了义就只有礼了。礼是道的末梢，是祸乱的开端。"还有一句我先直接引用原文吧，"为道者日损，损之又损以至于无为，无为而无不为"。

这个故事很形象地阐释了"道可道，非常道"的道理，搞文艺的人特别喜欢。陶渊明《饮酒》第五首中的"此中有真意，欲辨已忘言"，就是同样意思的诗意表达。当然还有禅意的表达，手指和月亮的故事是众所周知的，我们要看的不是手指本身，而是手指那端的月亮；甚至还有不大为我们熟悉的基督教的表达——圣奥古斯丁写作《论基督教义》，开篇便声明，虽然他会很努力地解释教义，但一定还会有人不懂，因为"他们看得见我的手指，却看不见我所指的星月"。

类似的例子还有很多，极端者如赫拉克利特的信徒克拉底鲁，认为万物永远都在川流不息，所以我们无法给任何事物命名，于是他一辈子缄口不言，只是东指西指。

看来这真是一个世界性的难题，不过我们还是要回到一个很基本的出发点来：百家争鸣，出发点非常实际，大家都觉得社会有问题了，有问题就要解决问题，他们并不是什么"空虚时代的无用诗人"。而偏偏很多道家的研究者要么是搞哲学的，要么是搞文艺理论的，所以总是天然地喜欢去看《老子》形而上学的那一端。但我这里还是把务虚问题放一放，多谈一些形而下的东西。

方才黄帝最后的一句话我直接引用了原文，这句话在《老子》通行本第四十八章作"为学日益，为道日损。损之又损，以至于无为"（楚简本里也有这句，文字是"学者日益，为道者日损"），是《老子》很著名的一句话，但解释起来比较困难。

李零先生的理解是："'为学'是学习知识，'闻道'[1]是琢磨道理。学习知识，总是越来越多；琢磨道理，总是越来越少，这是很深刻的体会。……通俗是最高的境界，真正的通俗，绝不是白开水、小儿科，而是深入浅出，把复杂的事情想得明明白白，也说得明明白白，这是最高境界。"（《人往低处走》）

这道理就好像人们常说的"大道至简"，但"大道至简"总会面临两个不容易解决的问题：一是界定困难，到底怎样的东西才属于所

---

1 李零先生校"为道"为"闻道"。

谓"大道"呢；二是即便大道至简，但证明并应用这个至简的大道却往往非常复杂。

后者最典型的例子恐怕要算进化论了。2009年是达尔文诞辰二百周年，也是《物种起源》出版一百五十周年，美国的《科学》和英国的《自然》杂志都出了纪念特刊。《自然》的编者按是这么说的："本期专辑里的这些论文无不证明着查尔斯·达尔文的自然选择理论的成功。该理论是由一百五十年前的《物种起源》一书精心阐述出来的，它最突出的特点就是简洁——只要有了可遗传的变异、大量的繁殖和环境的改变，那么自然选择就一定发生，进化也就随之而来。"（*Nature*，Vol 457）

进化论的"道"就是这么"简洁"，可我们几乎每个人都知道，要证明这个"简洁"的道理，已经花费了多少代的研究者们多少的气力，并且现在还远远不是终结。这个例子反而吊诡地告诉我们：为了证明大道至简，尤其需要"为学日益"。

在陈鼓应先生看来，《老子》这里所谓的"为学"和"为道"应该有着某种特定的含义："这里的'为学'范围较窄，仅指对于仁义圣智礼法的追求，这些学问是能增加人的知见与智巧的。……'为道'是通过冥想或体验以领悟事物未分化状态的'道'。"整句翻译为："求学一天比一天增加'知见'，求道一天比一天减少'情欲'。减少又减少，一直到'无为'的境地。"（《老子注译及评介》）

许多注本都是这个风格的，以为《老子》这里说的是一种修心之道，但这一句接下来就是"无为而无不为。取天下常以无事，及其有事，不足以取天下"，明显衔接上文，也明显在说为政之道。所以，"为道日损"，损的是不是"情欲"，这就有点可疑了。[1]

把情欲减损到最低限度，只是"少私寡欲"（通行本第十九章），却不是无为。如果这也叫无为，那么深山里的老和尚应该最符合《老子》之道了，但老和尚可做不到"无为而无不为"，更不可能"取天下"。

所谓损益，孔子也讲。如果把"损"和"益"分别来看，郭店出土的儒家典籍《尊德义》有"学为可益也"，看上去正和《老子》的"为学日益"相对立，也不知道是谁在针对谁；但如果把"损"和"益"连起来看，孔子讲的"损益之道"其实就是为君之道，这尤其可以在马王堆帛书《要》里得到证明。《淮南子·人间》说孔子读《周易》读到损卦和益卦的时候，感叹这是王者之事。那么，《老子》这里讲的损益是否用的也是当时的通行观念，一样在说为君之道的政治内容呢？

虽然还拿不出确凿的证据，但不妨找一找蛛丝马迹。

损的到底是什么呢？这可以在方才黄帝"道失去了然后有德……"那段话里找找线索。这段话在《老子》中写道："故失道而后德，失德而后仁，失仁而后义，失义而后礼。夫礼者，忠信之薄，而乱之首。"

---

1 Kirill Ole Thompson 做过一种解释，所谓"为道日损"就是让心灵与社会知识、政治知识的附着感越来越弱，并把后者放进越来越大的视野里来看，最终在"道"的视野里看待它们。这就是荣格说的中国思维的典型特征：在整体观中思考问题。（*What Is the Reason of Failure or Success？The Fisherman's Song Goes Deep into the River：Fishermen in the Zhuangzi*）这大约可以想象为照相机镜头的取景模式，"为学日益"就是不断地 zoom in，"为道日损"就是不断地 zoom out。

（通行本第三十八章）[1]这就是说，社会从古到今的过程就是一个从治到乱的过程。上古的政治合于道，是最好的，后来社会有点乱了，不再合于道了，但总算还是一个合于德的世界；后来社会更乱了，德也被人们丢掉了，于是才有了仁；仁的社会也还凑合，但也没能维持下去，再后来就是义，最后就是礼了。[2]

同属道家一系的《文子》确实这么讲过，从上古真人以至于神农、黄帝，社会就是这么发展下来的。（《文子·上礼》）

这可以说是社会发展的不同阶段，当然是在走下坡路，越来越坏。但伴随着越来越坏的还有一个特点，就是政治越来越复杂化——道的时代是无为而治，一切顺应自然规律，因势利导，而到了礼的时代，儒家礼制有所谓"礼仪三百，威仪三千"，出了名的繁文缛节。

《庄子·马蹄》说，人类社会从盛德时代堕落到如今的乱世，就像朴变为器。——朴和器的关系是《老子》的一个主题，"朴"就是未经加工的原材料，"器"就是把原材料加工之后而成的器物，《老子》说"朴散则为器"（通行本第二十八章），原材料要经过人为加工才会变成锅碗瓢盆和飞机大炮，所以《庄子·马蹄》说：完整的树木如果不被砍伐和雕刻，就不会有酒器；浑然的玉石如果不被毁坏，就不会有珪璋；同样地，大道若不被废弛，哪里会有仁义；天性若不被离弃，

---

1 楚简本并没有这段文字。马王堆出土过帛书《五行》，郭店也有楚简本的《五行》，思想内容大致相同，学者们怀疑是子思（孔子的孙子）或子思一派的作品。郭沂先生以为，《老子》这一段里，这个由仁义而礼的次序就是在《五行》的基础上提出来的，只不过它在《五行》里并不是道德堕落的过程，而是自内而外的过程罢了。所以，《老子》这段话是针对子思《五行》而发的，其矛头指向子思之儒，这还进一步说明通行本《老子》晚于子思。（《郭店竹简与先秦学术思想》）

2 王安石《庄周上》引过《老子》这段话，说当时的一种流行理解是，庄子并非不达于仁义礼乐之意，只不过仁义礼乐只是道的末流，所以鄙薄之罢了。（《临川先生文集》卷六十八）

哪里会有礼乐；五色若不被散乱，哪里会有文采装饰；五声若不被错乱，怎可能合于六律。所以说，毁坏原材料来制造器物，这是工匠的罪过；毁坏大道来追求仁义，这是统治者的罪过。[1]

以雕琢玉器做比喻，《论语·学而》盛赞"如切如磋，如琢如磨"的修养，《礼记·学记》讲"玉不琢，不成器；人不学，不知道"。道家反其道而行，"反者道之动"，既然朴散为器，那就尽量返器为朴好了，这是一个顺理成章的逻辑。所以呢，如果要把政治搞好，最好的办法就是回到以前那个大道流行的时代，回到以前那个无为而治的时代。

那么，怎么才能回去呢？——"为道日损。损之又损，以至于无为"，把复杂化、烦琐化的政治慢慢减损下来，从最繁文缛节的礼的时代先退回到义的时代，再逐渐退回到仁和德的时代，最后回到道的时代，上古合于道的政治于是就可以再现人间了。[2]

前文讲到王弼《老子指略》的"因而不为，损而不施"，正是这个道理。

我为什么会对《老子》这一章做出政治学的解释，因为这一章的文义非常连贯："为学日益，为道日损。损之又损，以至于无为。无为

---

1 这层意思在《老子》里还有一个渊源，即"五色令人目盲，五音令人耳聋，五味令人口爽，驰骋田猎令人心发狂，难得之货令人行妨。是以圣人为腹不为目，故去彼取此"（通行本第十二章）。《庄子·天地》做了发挥，把五色、五味、五音、五臭和好恶列为五种"生之害"。这种观念恰恰与周代礼制传统相悖，譬如《左传·僖公二十四年》富辰谏周襄王的话里有"耳不听五声之和为聋，目不别五色之章为昧，心不则德义之经为顽，口不道忠信之言为嚚，狄皆则之，四奸具矣"。若按富辰的意思，老子显然是夷狄之属。

2 司马迁在《史记·高祖本纪》里表达过一种与之似而有别的社会发展观，孟子也有自己的一套历史循环观念，遑论邹衍之徒了，看来寻找社会的发展规律，在战国以至秦汉之际已经是一个很为知识分子们关心的话题了。

而无不为。取天下常以无事，及其有事，不足以取天下。"——在上下文里来看"为学日益，为道日损"，并非在谈形而上的超然理念，而是以"取天下"为标靶的。

这时候就该解答最初的那个问题了：这样一个道，为什么会说不出来呢？

4

这样一个道，为什么会说不出来呢？——《老子》并没有给出一个清晰的答案，所以人们只能采用那个神秘主义的最经典的办法：悟。

至于悟的结果，公说公有理，婆说婆有理。

一种很有代表性的意见是：之所以说不出，是因为老子当初是通过打坐、冥想之类的功夫获得了一种与道合一的神秘体验，这种体验确实难以用世俗的语言表达。[1]（ *The Guiding Light of Lao Tzu*, by

---

1 这个问题或许并不重要，但至少有趣。Mark Csikszentmihalyi对这种看法做过很细致的驳论，可以参看 *Mysticism and Apophatic Discourse in the Laozi*。海外最早做出这个推断的是葛兰言（Marcel Granet），他在1922年指出老子的一些念头只有被当作通过宗教式的冥想得来的才能被我们理解，近期的则有Harold D. Roth在1995年的 *The Laozi in the Context of Early Daoist Mystical Praxis*，他认为这种神秘的功法就是《庄子》内篇提到的"道术"（techniques of the Way）。道术虽然最终包纳了政治和社会等内容，但核心是个人修炼的方法，分为动功和静功，前者类似于太极拳和气功，后者似于吐纳。《老子》的"道术"内容如通行本第十章的"专气致柔，能如婴儿乎"，这是练气。该文还介绍了Michael La Fargue的研究，后者认为《老子》是由一个团体创作出来的，这个团体最重要的活动就是一起self-cultivation（这个词不太好翻译，我们就粗略理解为练功好了）。Tateno Masami则论证《老子》的哲学体系是一种从修炼中获得的认知论与本体论的体系。（ *A Philosophical Analysis of the Laozi from an Ontological Perspective* ）

Henry Wei）但如果要走朴素的路线，在今天我们终于可以给出一个确切答案了：之所以说不出来，因为那是人类理性不及的地方，而只有对这个"人类理性不及的地方"给以充分的尊重，社会才能顺畅地运转，每一个人才可以在"最低限度的政府"的管制之下充分享受自己的自由。这就是现代意义上的无为而治，无为而无不为。为了这个答案，人类已经付出了惨痛的代价。

这个问题，要先从个人主义谈起。

个人主义，对于许多读者而言是一个令人生厌的词，大约和自私自利、唯我独尊同义。这甚至不能归咎于中西语境的差异，因为这同样是西方社会长久以来的普遍认识。但这个词原本并非这种意思，就像《老子》里的"道德"和现代汉语里的"道德"扯不上什么瓜葛一样。

个人主义可以分为两种，一种源于笛卡尔，对人类的理性抱以极大的信心，相信理性完全有能力勾画出一份完整周密而且充分可行的天堂蓝图，也就是说，相信人们对社会发展有着毋庸置疑的认知能力、计划能力和控制能力；另一种源于洛克、曼德维尔和休谟，持有与前者截然相反的观点，认为对于一个广大的社会而言，人的理性在其中无足轻重。

哈耶克正是在第二种个人主义的意义上发现的：人们赖以取得成功的很多制度，都是在既没有人设计也没有人指挥的情况下自然形成、自然运转的；并且，相隔五湖四海的人们通过自发协作而创造的东西，常常是我们的头脑永远也无法充分理解的。(《个人主义与经济秩序》)

这个在当今基本已经成为共识的道理曾经很不容易被人接受，反而笛卡尔的理由看上去是那么无懈可击：由许多人合作完成的作品很少会像由一个人完成的作品那样完美。——的确，我们随随便便地就可以在身边找出大量的例证，我自己就有一个读书经验：由许多人合著的书往往在质量上不那么有保障。

　　笛卡尔在这个基础上做出了一个似乎顺理成章的，而在现在看来相当大胆的推断：那些从半开化的状态缓慢发展成型的文明国家，他们的法律制度是在经历了种种犯罪和战争之后才被制定和实行的，这样形成的制度比起那些从一开始就作为社会联盟的、共同遵守某个富于智慧的立法者的命令的国家，要显得很不完善。(《方法论》)

　　这位"富于智慧的立法者"很像中国政治传统中的周公，孔子一辈子最想恢复的就是周公当初定下的制度。但是，从我们现在的政治科学常识来判断，传说中的周公制礼实在是一件大有水分的事情——要做出这个结论甚至根本用不着文献与考古发现上的证据。

　　我们也可以基于同样的理由，发现笛卡尔的谬误之所在：人类社会并不是靠契约建立的，而是在浑浑噩噩中慢慢磨合出来的。这种千头万绪的在人类合作中不断扩展的秩序"并不是人类的设计或意图造成的结果，而是一个自发的产物：它是从无意之间遵守某些传统的、主要是道德方面的做法中产生的，其中许多做法人们并不喜欢，他们通常不理解它的含义，也不能证明它的正确，但是透过恰好遵循了这些做法的群体中的一个进化选择过程——人口和财富的相对增加——它们相当迅速地传播开来。这些群体不知不觉地、迟疑不决地，甚至是痛苦地采用了这些做法，使他们共同扩大了他们利用一切有价值的信息的机会，使他们能够‘在大地上劳有所获，繁衍生息，人丁兴旺，物产丰盈’。"（《致命的自负》）哈耶克所谓的扩展秩序，实在像极了那个不可言说的"道"。

　　既然知道了"道"的不可言说，就有必要尊重"道"的不可言说，明智地降低一下我们对理性与智识的过度自信，于是我们就可以重新理解《老子》的那句似乎不可理喻的名言："以智治国，国之贼；不以智治国，国之福。"（通行本第六十五章）而这个道理同时还意味着：没有人可以预知未来将要走向何方或者应该走向何方，于是，拿着蓝图来建设社会的努力往往会适得其反。[1]

5

　　我曾在《春秋大义》里讲过泰戈尔眼中的民族主义，其间引述过奥克肖特的一段话："在政治活动中，人们是在一个无边无底的大海上航行；既没有港口躲避，也没有海底抛锚，既没有出发地，也没有目的地，他们所做的事情就是平稳地漂浮。大海既是朋友，又是敌人，航海技术就在于利用传统行为样式的资源化敌为友。"——这应该是奥克肖特被引述最多的一段话了，这段话的含义是：政府最重要的职能

---

[1]《庄子·徐无鬼》较为粗疏地谈到过这个道理：一个人两脚所踏的地方是很小的，要借助于没有踏到的地方才能到达远处；人的所知是很有限的，却可以依恃着所不知的而知晓天道。《庄子·则阳》说道：人们都重视自己的智慧所能够知道的，而不知道凭借着自己的智慧所不知道的而后知道的道理，这岂不是大大的迷惑吗。（这句话有点绕嘴，原文是：人皆尊其知之所知而莫知恃其知所不知而后知，可不谓大疑乎。）

（如果不是唯一职能的话）就是保障这只船不会沉没，至于船要驶向何方，这是完全不需要操心和计划的。只是船的比喻容易让人忽略一个问题：对航行方向的蓝图设计首先不是一个该或不该的问题，而是一个能或不能的问题。

那么，如果真是这样的话，所谓的长远利益或长远目标又在哪里呢？——这个问题其实并不存在，因为它的答案正好位于人类理性的不及之处。正是对那艘船的不操心和不计划，才最可能使船上的日子过得最好，也发展得最好。之所以可以这样"无为而无不为"，正是因为我们坦承理性的局限性，坦承"道可道，非常道"，坦承自己的无知。

熟悉哈耶克的读者应该马上会想到一个问题：哈耶克讲自然秩序、扩展秩序，而《老子》的理想社会是"小国寡民"，所谓"甘其食，美其服，安其居，乐其俗。邻国相望，鸡犬之声相闻，民至老死不相往来"（通行本第八十章）。尽管Bryan W. Van Norden由衷地感慨着只有没心没肺的人才不会被这一章里所描述的理想社会所打动，但是，这样一种理想社会显然是与自然秩序、扩展秩序最不相合的。在这样"小国寡民"的地方，"道"岂不成了无所施展的屠龙术吗？更何况人类社会是动态发展的，不断在动态当中磕磕绊绊地寻找平衡，而一种静态的社会其实并不像看上去的那样是一种稳恒态的社会。

《黄帝内经·素问》做过一番分析，之所以上古天真时代的人们可以"美其食，任其服，乐其俗"，是因为大家都能"各从其欲，皆得所愿"。这看上去是一个太高的标准，但有一个不可或缺的前提："少欲"。大家为什么能做到"少欲"呢，因为统治者是一位得道的上古圣人。

从这个逻辑看，只要够孤立、够封闭，这种社会理想倒不见得一定实现不了。马基雅维利就曾经谈到一种"教会的君主国"，在那里，"君主自己拥有国家而不加以防卫，他们拥有臣民而不加以治理；但是，其国家虽然没有防卫却没有被夺取，其臣民虽然没有受到治理却毫不介意，并且既没有意思也没有能力背弃君主"。那么，这样一个和谐的理想国究竟何在呢？马基雅维利说："但是，由于这种国家是依靠人类智力所不能达到的更高的力量支持的，我就不再谈论它了；因为这种国家显然是由上帝所树立与维护的，如果议论它，就是僭妄的冒失鬼的行为。"（《君主论》第十一章）

事实上，这种"由上帝所树立与维护的"社会组织在现代社会里就可以见到例子，比如作为一个宗教社团的美国的严紧派，过着自成一体的生活，为许多追求淳朴的人们真诚地向往着。上帝取代了"得道的上古圣人"的角色，他甚至不需要亲身君临人间，只在无形之中保持着自己的权威。

封闭、孤立，还有一位特殊的统治者，使一个理想国呼之欲出。而说到这里，新问题就出现了：《老子》的小国寡民论太有名了，不用多做解释，但是，就在第六十章还有一句同样有名的格言："治大国，若烹小鲜"，第六十一章还说"大邦者下流，天下之牝，天下之交也"。这两章一个是直接讲如何"治大国"，一个是把大国捧到了《老子》哲学里一个极高的位置，这与第八十章的"小国寡民"岂不是自相矛盾吗？再说，当初治《老子》的学者要是拿着小国寡民这套理论去游说那些战国诸侯，想来不会有什么好下场吧？

韩国学者吴相武很仔细地考证过这个问题，先是发现《庄子·胠箧》和《史记·货殖列传》都引过《老子》第八十章的内容，其中却没有"小国寡民"的文字，后来又发现在早期所有的《老子》注本里，从严遵直到王弼，从来没有人把"小国寡民"理解为《老子》的理想社会。所以，"小国寡民"应当只是一种假设的说法，意思是"在国小民少的情况下"。《老子》的为政之道，毕竟还是要"治大国，若烹小鲜"的。(《〈老子〉"小国寡民"新解》)

误解的根源至少可以追溯到《庄子·胠箧》，其中把"鸡狗之声相闻"云云的世界凿实为上古的"至德之世"。[1]而有了这样的先入之见，看《史记》就容易受误导了。

《史记·货殖列传》是这么说的："老子曰：'至治之极，邻国相望，鸡狗之声相闻，民各甘其食，美其服，安其俗，乐其业，至老死不相往来。'"引述《老子》的这段话，把它推崇为"至治之极"，也就是最高的政治理想。不仔细的话，很容易忽略掉一些重要的细节：这里一来并没有"小国寡民"的字样，二来也没有确指这就是"小国寡民"的社会图景。

小国能够以道治之，大国也能够以道治之，治术的核心不是"小国寡民"，而是"治大国，若烹小鲜"。令人有些惊异的是，法家竟然也会赞同这样的做法——他们绝不都是什么大刀阔斧、锐意改革的激进分子。

---

1 但是《庄子·天地》在描述上古"至德之世"的时候，说那个时代是如此地自然无为，以至于事迹并不曾流传下来。

《韩非子·解老》这样讲过：工人如果总是改行，手艺就会荒疏了；劳作的人如果总是变动迁徙，工作肯定也做不好。这样的事情越多，社会的损失就越大。而法令一旦更变，利害关系就会随之而动，老百姓也就会重新调整自己的工作和生活。役使民众，如果总在改变他们的工作，工作绩效就一定很低，这就像收藏大件的器物，如果总是搬来搬去，就难免会磕磕碰碰多有损伤。所以说，治理大国不能总搞变法。有道之君崇尚虚静，不喜欢搞变法，这就是"治大国，若烹小鲜"的道理。

这样一来，意思便豁然贯通了，就连现代资本主义的经济理论也可以在《老子》的"道"里畅行无阻，或者说这是一种时隔两千年、地隔几万里的神秘的暗合。

但是，马上又出现了一个很必要的问题：《老子》的作者当真想得这么透吗？——也许最有可能的是，他，或者他们，确实触到了这个问题，但认识还比较粗浅，有相当的感觉而缺乏足够的论证，但我们毕竟不能拿两千多年前的古人来和现代博大精深的社会科学同台比较。

我知道这么说肯定会引起一些人的不快。当然，其实我自己也愿意相信我们的祖先老子在两千多年前，甚至在五千年前，就为我们道出了一个放之四海而皆准、历之万世而不移的终极真理，我们今天要解决全球性的社会危机，必须求助于老子的古老而长青的高深智慧。在这种表态的问题上，引述一下洋人的话往往最能让我们得到满足，所以我就直接引两段好了，也不做翻译了。

先看看Charlotte Hines的博士论文："《老子》会帮助我们减缓现

代世界里的功利主义的疯狂竞争，以此来对人类的福祉继续施加它的良性而积极的影响。"（*A Study of Daoism*）

还有H. H. Roberts的博士论文："学者们仍然没有关注于这样一种可能性，即老子撰写《道德经》的主要原因之一是传达这样一条信息：人类只有通过对谦卑之美德的实现才有可能在我们这个星球上继续繁衍下去。"（*The Philosophy of the Virtue of Humbleness in the Tao Te Ching*）

我有一个朋友非常爱看这类文字，所以每天过得都很快乐。但他很少会看论证部分，我记得曾经出于好奇问过他这个问题，而他就像一个真正的得道高人那样微笑着说："那些东西重要吗？不不不，有信心才最重要。"

从那一天起，我对"为学日益，为道日损"这句话有了新的认识。

6

这些理论一旦付诸实践，便常常会遇到一个悖论一般的难题：想要"以无事取天下"（"取"是"治理"的意思，见通行本《老子》第五十七章，楚简甲本第四组），却往往惹出更多的事来。

比如曹魏末年的一次政治改革，当时何晏、夏侯玄这些玄学家们正站在政治舞台上很耀眼的位置上，他们的《老子》理论水平都很高。尤其是何晏，虽然今天的少男少女们对他几乎唯一的了解就是那个"傅粉何郎"的俊美传奇（经常作为一个旖旎的典故出现在历代诗人的笔下），但曹操的这位女婿实在是中国思想史上极重要的一个人，讲魏晋玄学首先就要从他讲起。何晏对儒学也很在行，今天我们了解儒学必读的《十三经注疏》，其中《论语注疏》的注就是何晏作的。

还有一个古今差异要讲一下。当时流行《老子》、流行谈玄论道，都是上流社会的事，是统治阶层的事，和今天老百姓们醉心于心得、感悟之类并不一样。不同的阶层，其文化素质不一样，关心的问题也不一样。曹魏正始年间，青年俊彦们都活跃在、至少早晚都将活跃在政治舞台上，所以关心的主要都是政治问题，比如品评人物就是当时最流行的话题。——这既是被当时特殊的官员进用机制催生出来的，又有黄老一派的学术渊源（如马王堆帛书《经法·名理》），并不是这些人八卦。

当时的所谓清谈，主要是以学术沙龙的形式，有主持人，有正反辩方，也有观众，在辩论上是要真刀真枪见输赢的。而且最难的是：不但对手是内行，观众也是内行，能在这样的阵仗里赢得声誉，确实得有真才实学才行。所以，对于正始名士们的学术素养和头脑的敏捷程度，我们完全不必怀疑，他们提出的政治主张确实得到了《老子》的某种真谛。

何晏写过一篇很著名的《景福殿赋》，文采斐然，后来还被收进了《昭明文选》。这篇文章在绚烂的铺陈之后，提出的就是淘汰冗官、杜绝繁文缛节、少生事，让社会返归淳朴的想法。至于具体的政治措施，夏侯玄给当时还在担任魏国太傅的司马懿写过一封长信，也是本着《老子》思想，说了一些改革意见，比如他说周代的分封制比郡县制要好，他也知道改不回去，但可以有变通的办法，把州、郡、县三级行政机构合并为州、县二级，政府机构越简单，行政效率就越高，老百姓的负担就越轻。夏侯玄很欣慰地算了一笔账：这样的改革将会裁减掉一万名左右的官吏。

听上去确实很好，夏侯玄确实心系祖国人民。但真要这样搞，利益受损的可不是无权无势的老百姓，而是庞大的官僚阶层。一万的下岗名额，在落实之前更会引起几万人的心慌意乱。简化政治机构本来是要"以无事取天下"，结果反而惹了大事。这正是导致改革失败的最主要原因，大批官僚为了捍卫自己的"合法权益"而坚定地投向了正始名士们的反对派一边。

如果从《老子》的角度分析这次改革失败的原因，就在于正始名士们只盯在"无为""无事"这些道理上，却疏忽了《老子》的"无为""无事"的背后还藏有一个重要的道理：因循。——这就是司马谈在《论六家要旨》里很精辟地归纳的"道之术，理论基础是'虚无'，实践方式是'因循'，没有一定之规，随机应变，因势利导"。

简而言之，政治目标是清静无为，改革手段更应该清静无为，不能为了达到清静无为的目的而采取暴风骤雨式的手段，就像对重病之人不能用虎狼之药。

夏侯玄这个精简机构的建议还犯了另外一个错误，姑且称之为距离效应：行政级别的复杂程度和老百姓的稳定程度成正比。也就是说，行政级别越多、越复杂，老百姓反而越安定。

这个道理看似匪夷所思，原理却很简单：距离产生美——和老百姓最没距离的是基层官吏，他们的所作所为是让老百姓看在眼里、恨在心上的，所以老百姓们自然会期待上一级的政府出面治理一下；百姓们对上一级的政府抱有美好的期待，当这种期待也落空之后，至少还有更上一级的政府可以期待……而越是高一级的政府官员就越是和老百姓接触得少，越是和老百姓缺乏直接的交涉机会，越是容易摆出一副冠冕堂皇的样子，而这副样子也越是容易取信于人、安定民心。

从这个意义上讲，高层统治者确实有必要摆出一副"清静无为"的高姿态，免得失去老百姓的崇拜，也免得断了老百姓的希望。换句话说，最高统治者的行政意义不在于解决具体问题，而在于安定民心。

历代知识分子屡屡为了从皇帝手中争取相权而努力，也是有这方面的考虑。具体来说，道理是这样的：要维护国家的稳定，就必须保障皇帝的权威；为了保障皇帝的权威，皇帝就不能犯错；但只要是人，都会犯错，皇帝也一样；所以不犯错的办法只有一个，那就是什么都不做；但事情总要有人做，那就交给宰相做；宰相可以犯错，犯了错既可以处罚，也可以撤换，但大家还是会相信皇帝的英明。

道理就是这么简单：如果你什么都不做，就没人知道你傻。

第七章

普罗米修斯的恶行

1

在古希腊的诸神中，普罗米修斯是最为我们熟悉的一个。中学课本里介绍过他，伟大的革命导师赞扬过他，所以他在我们心中一直都是一个英雄的形象，为了帮助人类，勇于从天庭偷来火种，不惜牺牲自己。

但不是所有的人都对普罗米修斯心怀感激，比如古希腊犬儒主义的祖师第欧根尼[1]，也就是传说中当亚历山大大帝答应可以满足他任何要求的时候，他只求后者不要挡住阳光的那位名人。那么，为什么还会有这种黑白不分的人呢？出于对第欧根尼"哲学家"头衔的尊重，我们有必要重新梳理一下普罗米修斯的故事。

根据《奥德赛》的记载，希腊人祭祀神灵的仪式简直就是一场盛宴，他们会宰杀一头很大的动物，却只把很小的一部分献给神灵，就连这很小的一部分还是不能吃的部分，能吃的那绝大部分都落进了祭祀者自己的肚子。这简直太不虔敬了！但是，古老相传，这样做实在是有个来历的。

---

1 关于第欧根尼的生活年代，罗素的《西方哲学史》说他和亚里士多德是同时代人，这是一个流传很广的说法，而2006年牛津新版的哲学史（*A New History of Western Philosophy*，by Sir Anthony Kenny）说他是柏拉图的同时代人。

在很久以前，人们的祭祀仪式非常隆重庄严，总是最肥最好的动物被挑选出来，完完整整地用火烧掉，就连穷人也必须这么做。渐渐地，鄙俗的现实主义在希腊人的脑袋里渐渐露出了苗头，有人打起了小算盘：这么搞是不是太浪费了，我们要不要创建一个节约型的社会呢？

作为老一辈的天神，普罗米修斯是同情人类的。在他的一再恳求之下，奥林匹斯的第三代领导人宙斯终于卖了老前辈一个面子，准许人们从此可以只用动物身上的一部分献祭，剩下的部分自己留着吃。

那么，到底烧什么、留什么呢？这还需要确认一下。于是，普罗米修斯好事做到底，宰了两头牛，把两副肝脏烧来献祭，再把全部的骨头包在一张牛皮里，把全部的肉包在另一张牛皮里，让宙斯自己挑。

万能的宙斯至少没有透视能力，也缺少孔融让梨的精神，便毫不客气地挑了一份大的。靠骨头撑起来的牛皮自然体积要大些，这样一来，牛肉就留给人类了。

这个小小的骗局当然马上就被揭穿了。愤怒的宙斯虽然不好意思反悔，却做了一件釜底抽薪的事——这可真是字面意义上的釜底抽薪，他把火从人类那里夺去了。人类没有了火，也就没法烧牛肉吃了。

没想到普罗米修斯又生一计，从神界盗来了火种，希腊人这才可以大口吃牛肉了。宙斯在震怒之下把普罗米修斯锁在高加索的山崖上，派出神鹰啄食他的内脏，又让他的内脏每天都能愈合，好使神鹰天天啄食下去。直到后来有一位叫作赫拉克勒斯的英雄经过，这才射死了神鹰，砸开了锁链，解救了普罗米修斯。[1]

2

这个故事很可以被读出几分人类学的色彩，希腊人早年过分丰盛的祭祀很可能是真实存在的。人类学家告诉我们，在原始部族时代经常出现这样的场面：部落中最富有的人会搞一次豪华宴会，邀请部落同人一股脑地把自己的财富吃光、分光。他们这种"疯狂"行为的动机还真不易确定，无政府主义者克鲁泡特金将其归因于土著们的善良性格和淳朴风俗。而在学术上更加训练有素的本尼迪克特则认为，有这种风俗的土著们是以此来使自己获得的头衔和特权生效，更重要是在别人面前炫耀自己。

对这个问题的经典研究是莫斯的名著《礼物》，不过现在我们要关心一下，希腊人到底"为什么"从这种慷慨大度的作风变成了后来的小家子气——对神祇们小家子气，对自己却变大方了。孔夫子教导中国人"己所不欲，勿施于人"，这些古代的希腊人却把己所不欲的东西都给了神。

这个转变当然不会是普罗米修斯促成的，但希腊人理直气壮地把

---

1 诞生于大约公元前一世纪的《以诺书》被认为是深深影响过《新约》教义的，甚至被一些早期的基督教神学家们视为正规的经典。该书对《创世记》做过这样的记载：天使把本该属于不传之秘的冶金术传授给了人类，所以受到了惩罚。这个情节自然让我们联想起普罗米修斯的故事，只是不清楚这到底说明了人类的某种共通的心理，还是说明了文化传承的某种谱系。

它"归因于"普罗米修斯，这的确可以在很大程度上减少自己的道德负罪感。人们总是愿意为自己的行为找出理由，但往往不是真正的理由，而是能让自己安心的理由。

于是，一个意义无比重大的变化悄悄地降临人间了。以前有了好吃好喝的东西，有了原始的奢侈品，大家总拿出来一起浪费掉，这种陡然间由富返贫的过程是一次次充满愉悦的狂欢之旅。但是，得益于普罗米修斯，狂欢的时代结束了，财产可以慢慢消费了，甚至可以被积蓄起来了。私有财产的时代来临了，人心也就不再那么淳朴了。

为什么"仗义每多屠狗辈，负心多是读书人"？因为这首先不是一个气节问题或虚伪与否的问题，而是一个经济问题：一般来说，屠狗辈生活在社会底层，行侠仗义的成本相对较低；读书人的社会地位较高，经济情况较好，做事自然更加瞻前顾后。马克思早就阐释过这个道理：无产阶级除了锁链，没有什么可以失去的。

从这个考虑出发，使社会恢复淳朴的办法其实很简单：让屠狗辈继续做他们的屠狗辈，让读书人扔掉书本，忘记知识，也来做屠狗辈。一个完全由屠狗辈构成的社会，自然是淳朴而仗义的。

能不能把逻辑再推进一步呢：一个完全由狗构成的社会，应该更加淳朴吧？

不是开玩笑，这实在是一个非常严肃的哲学问题。

3

的确，这是一个严肃的哲学问题。伟大的古希腊哲学家第欧根尼就打定主意要像一条狗一样生活下去，所以他才得了"犬儒"这个称号，所以世界哲学史上才有了"犬儒主义"这样一宗古老而珍贵的精神财富。

第欧根尼不但拒绝承认普罗米修斯是人类的恩主，甚至认为正是他对人类的自作多情才使得人类社会变得越发复杂烦琐和矫揉造作。宙斯是公正的，普罗米修斯受到的严厉惩罚完全是罪有应得。

是的，根据柏拉图更为详细的记载，普罗米修斯不只盗取了天火，还盗取了用火和纺织技术给人类。(《普罗泰戈拉》)但是，科学技术不但不是第一生产力，反而是人类社会的最大祸端。"有机械者必有机事，有机事者必有机心"，这是《庄子·天下》告诉我们的，看来搞技术的人一定是富于机心的人，我们对理工科出身的人一定要保持必要的警惕。

要重返那个逝去的淳朴时代，首先就要放弃机心；而要放弃机心，首先就要放弃那个培育机心的土壤。第欧根尼就这样悠悠然地在一只木桶（或是一只盛殓死人的大瓮）里享受着充满美德的生活，靠旁人的点滴施舍来填饱肚子。

第欧根尼因此受到了极大的崇敬，但会有多少人愿意追随他呢？

耶稣基督曾经遇到过同样的问题。有个青年来见他，说自己已经遵守了各种诫命，不知道还有什么没做到。耶稣说："你若愿意作完全人，可以去变卖你所有的，分给穷人，就必有财宝在天上，你还要来跟从我。"那青年听了这话，终于一脸忧郁地走开了，因为他有很多财产。(《马太福音》19：16—22）

以基督教如此大的吸引力，如此众多的信徒，能做到"完全"的人尚属凤毛麟角，第欧根尼的情形也就可想而知了。但是，凡事总有特例，一位叫作克雷茨的青年被第欧根尼深深地震撼了，便真的把家产分给了穷人，追随老师过起了一种"波希米亚式的生活"。(这个很有喜感的词是 Anthony Kenny 用的。)

很遗憾，第欧根尼没能为自己赢得更多的追随者，不过这当然是意料之中的事情。我们现在还有无数的有志青年上山下乡，被淳朴的风情与原始的生态感动得泪流满面，但终究还是回到城市，继续过着非人的、异化的白领生活。——我调动所有的记忆，只记得浪漫主义时代的散文家查尔斯·兰姆一生都热爱并倾情地抒写着城市生活，而且这个城市就是他一直生活的伦敦，他确曾被伦敦那丰富的城市生活感动得流下泪来。早在我们随着米兰·昆德拉喊出"生活在别处"之前，兰姆!坚定地相信生活就在本市。

于是我们发现了一种奇异的和谐：大家嘴上都是米兰·昆德拉，脚下却都是查尔斯·兰姆。人生导师们眉飞色舞地宣扬着老子、庄子、第欧根尼、卢梭等古代哲人们关于恬淡生活的闪光智慧，大家也愿意花钱听听这些舒心的安慰剂，只不过听过之后该干什么还干什么，就像我们常常需要在紧张的生活间隙听上一场相声。因为我们的生活很紧张，所以越逗乐的相声就越值钱。相声语言之所以逗乐，很大的一个原因就是反逻辑——所以计算机编不出笑话。

所以，韩非子正是站在坚定的现实主义立场上来批评老子之学的："恍惚之言，恬淡之学，天下之惑术也。"（《韩非子·忠孝》）用白话说：老子那套恍兮惚兮的道论，恬淡寡欲的主张，全是忽悠人的。也就是说，这些话只是听起来很美，一付诸实行就坏了。

韩非子还说过一个故事：宋国的儿说能言善辩，提出一个"白马非马"的命题，齐国稷下学宫里虽然高知如云，但谁也辩不过他。有一天儿说出关，照规矩白马出关要交税，儿说老老实实地交了税，一点都没提什么"白马非马"。所以说，夸夸虚言虽然可以压服一国，而一旦考察实际，就谁也迷惑不住。[1]（《韩非子·外储说左上》）

钱锺书先生对《老子》更刻薄，说《老子》明明说了"及吾无身，吾有何患"，却又说"外其身而身存""名与身孰亲""毋遗身殃"，这不是自相矛盾吗？推想其中原委，大约是这样的：身体既想活得好，道理也想说出口，这都是真情实事；而无身无言那些话，则是玄理高论。真情实事瞒不住，玄理高论又不想丢，只能用后者来为前者遮掩，没太遮掩好的地方也就露了马脚。

钱先生还引了严复的更刻薄的点评：非洲鸵鸟被追逐的时候，实在逃不掉了就把头埋在沙子里，以为看不见危险就是没危险，《老子》

---

1 桓谭《新论》也讲过这个故事，细节有些出入，结论是"虚言难以夺实"。其实这么评价相当苛刻，譬如秀才遇见兵，最妥帖的办法就是从俗，而不是说理。

的"绝学"之道不会也是鸵鸟政策吧!(《管锥编》)

看来严复正忙于忧国忧民,钱先生则是个成功人士,不需要用传统文化来炖鸡汤。

钱先生讲的那个"存身"还是"无身"的问题,是《老子》研究中的一大难点,那几段话从字面上看确实自相矛盾,所以历代学者有很多弥合之论。[1] 不过以我的理解,"及吾无身,吾有何患"见于《老子》通行本第十四章,这一章虽然很难在上下文中贯通文意,以至于历代注家或各执一词,或曲为弥合,但这应该只是《老子》的一种修辞手法,意在说明人的身体比所谓大患更重要,而并不是一种要人"无身"的主张。

《庄子·知北游》倒是有过一种对"无身"的独特议论,是借着舜和大臣的对话说出了人的生命、形体、子孙都不是自己所有的,而是天地交付来的。这大约能推导出一个"乐天知命"的结论,顺理成章地属于道家思想。[2] 谭峭《化书·道化》简单地论证过形体、五官都是囚禁自我、奴役自我的赘疣,所以我们太有必要摆脱形体了,这大约要算是《老子》"无身"之论的一个发挥。倒是早期的佛教对这个问题做过非常细致的辨析,论证一个恒常的"我"为什么是不存在的,只

---

1 这几段话,楚简本只有"名与身孰亲,身与货孰多,得与亡孰病",接下来是"甚爱必大费,厚藏必多亡。故知足不辱,知止不殆,可以长久",是主张知足寡欲以全身的。
2 又见《列子·天瑞》。

是道理太精妙了，没几个人接受得了。¹

道教后来确实发展出了一种残害身体的修行方式，就像佛教也有断指、燃臂之类的行为一样，只是理论基础不同；另外一途则走向

---

1 现代人已经习惯了佛教的六道轮回、善恶报应、投胎转世之类的说法，殊不知大家信仰的这些东西里的不少内容正是佛陀当年所反对的。在古代印度，推本溯源的话，轮回思想在佛陀之前早已经有了，大约是由刹帝利所创立，又为婆罗门所采信，更由此而发展出了业报理论。轮回理论在印度各个宗派当中都很流行，而佛陀所做的则是半接受、半否定，这个"半否定"就是否定了轮回的主体——简单说，一切事物都是因缘聚散，并不存在什么恒久远、永流传的东西，所以，一个恒常之"我"自然也是不存在的。

佛门有一种比喻，说人就好比一座森林，森林并不是"一个"东西，而是一个集合名词，它是由许许多多的树木一起构成的，这些树木有的生、有的死、有的繁茂、有的凋谢，虽然看上去森林还是这片森林，但一个恒常不变的森林根本就不存在。同理，像军队、公司这些事物也是"不存在"的。人，也是一样。

森林是许多树木的集合，这种"集合"按佛家的话说就是"蕴"。这种概念辨析玄妙复杂，确实很难搞清楚，所以佛教后来不同的派别对这个"蕴"是真还是幻的问题辩论过很长的一段时间，印度的一位大宗师世亲在他很著名的《俱舍论》里辨析"无我"，就论证森林（蕴）是一种"假有"。

"假有"在佛教里是一个很复杂的概念，说法众多，《大智度论》分析假有，说有一种假是"因缘会故有，因缘散故无"。如果我们把因缘替换成姻缘，可以用家庭来打比方：一男一女情投意合，结婚了，组成了一个家庭，家庭就是因为一段姻缘的出现而出现的，这就是"因缘会故有"；这一男一女结婚之后不久，缘分尽了，感情破裂，离婚了，这一离婚，家庭也就不存在了，是为"因缘散故无"。森林和军队也都是类似的情况，但这个假有和真有很快又会扯到一个唯心和唯物的问题。

现在，如果我们多想一下：就算森林是假有，那树是不是真有呢？《俱舍论》的反对派《顺正理论》也拿森林和军队做例子论证过假有和实有，说树也是假有。好吧，就算树也是假有，但是，按我们现代的知识，所有物质实体无论是人是狗，是石头还是沙子，都可以被分解为基本粒子。那么，这些基本粒子是不是作为物质实体而真实存在的呢？

这问题在佛经里还真有答案。说一切有部（这是一个派别的名字，简称"有部"）提出过一个"极微"的概念，近于原子论，是说一切物质都可以被分为最基本的、不可再分的东西，这种东西就是"极微"。世亲在《俱舍论》里就说极微是实有而非假有，甚至还告诉了我们极微有多大：是人的食指中节的二亿八千万分之一。（我们也许可以从此论证佛经里早就出现过纳米技术的理论源头了。）

这就是标准答案吗？当然不是，大乘中观和瑜伽行派就说极微也是假有。这个分歧，近似于唯物和唯心的分歧。那我们听谁的话才对呢？这就要靠大家自己判断了。简单而唯物一些来讲，世间的一切都是无常生灭，如果有轮回的话，就好比一个人死了，尸体分解成若干基本元素，有些变成了河里的水，有些变成土里的铁，有些又被虫子吃了，再随着食物链的踪迹辗转生到了猪的身上。

印度的龙军大师是阐述这个问题比较有名的人物，他在《弥兰陀王问经》里做过一个比喻，说轮回是怎么回事呢，就像有一支燃烧的蜡烛，你拿着这支燃烧的蜡烛去点燃一支新蜡烛，你会看到火从这支蜡烛传到了那支蜡烛上去。轮回的主体就像这个火一样，你既不能说新蜡烛上的火就是原来那支蜡烛上的火，也不能说这两支蜡烛上的火是毫无关系的。

了追求抛弃形骸的方术，譬如晋人干宝记载曹操要杀左慈，左慈先是退到墙壁处隐了身，又在大街上使整街的人都变成了自己的模样，后来有人在阳城山顶上见到了他，追兵又至，左慈却跑进羊群不见了。追兵使诈道："曹公不想杀你，只是想试试你的本领，请现身相见吧。"只见一只老羊人立而起，口吐人言道："瞧把我吓的！"追兵立刻去捉，没想到几百只羊突然同时变成了那只老羊的样子，还做着同样的动作，说着同样的话。记述至此，干宝引了《老子》那句有身、无身的名言，感叹道："若老子之俦，可谓能无身矣。"（《搜神记》卷一）看来在干宝的理解里，像左慈这般的本领便是《老子》所谓的"无身"。

若我们无法接受干宝式的理解，是否会向韩非子和钱锺书的意见更倾向一些呢？至此反观《老子》，这本书在多大程度上会应了韩非子和钱先生的话呢？

在答复这个问题之前，首先有一个前提性的问题，也是一个颇有趣味的问题要问：《老子》的思想真的只是让人（或人类社会）返璞归真，把第欧根尼作为一个终极的行动指南吗？

经典的一大用处就是：任何立场的人都可以从中"合乎逻辑地"找出依据，论证自己的任何观点。《老子》的思想可以支持现代文明——要得出这个结论甚至只需要推理就够了，甚至不必诉诸任何光怪陆离的所谓感悟。

4

三十辐，共一毂，当其无，有车之用。

埏埴以为器，当其无，有器之用。

凿户牖以为室，当其无，有室之用。

故有之以为利，无之以为用。（《老子》通行本第十一章）

这一章也是《老子》很著名的一段。我们不去考虑训诂上的争议，只看大意：三十根辐条汇集到一个毂当中，有了车毂中空的地方，才有车的作用。[1]糅合陶土做成器具，有了器皿中空的地方，才有器皿的作用。开凿门窗建造房屋，有了门窗四壁中空的地方，才有房屋的作用。所以"有"给人便利，"无"发挥了它的作用。（陈鼓应《老子注译及评介》）

这一章是解释"有"和"无"的关系问题。一般人都知道"有"

---

1 从车制来看，1989年河南淅川下寺出土了春秋中叶的楚国马车，辐条正是三十根。《淮南子·说林》也讲"毂立三十辐"，不过说的道理是这三十根辐条只有各尽其力、不互相妨碍，才能发挥作用；如果只留下一根辐条，抛弃其他的二十九根，车子就跑不起来。

的重要，却往往忽略了"无"。[1]当然，单有"无"也不行——还拿房屋做例子，如果没有门窗没有墙，自然也就没有房子了。在《老子》当下的语境里，并不是"有生于无"，反倒是"无生于有"，先搭起了门窗和墙壁，才包围了一个"无"来供人居住。[2]

这个道理相当精辟，对后世也产生了很大的影响，但它是否站得住脚呢？

《老子》是如何得出这个结论的呢？用了三个例子，证明了一个结论，我们姑且算它是归纳法吧，这是中学生写议论文最爱用到的方法，所以也犯了中学生写议论文最常犯的错误。

我们用逻辑的语言来说，《老子》得出的这个结论叫作全称肯定判断，要想用归纳法得出一个全称肯定判断，必须穷尽所有的例证，所以我们只能说《老子》在这里做了一个很不完备的推理。

好吧，就算推理不完备，那么结论对不对呢？——要检验结论也很简单，证明一个全称肯定判断虽然需要穷尽所有的例证，但要想驳倒它，只需找出一个反例就够了。

《老子》既然以中空的物体为证，我们只要去找实心物体就好，譬如秤砣，不但"有之以为利"，而且"有之以为用"。如果秤砣做成空心的，缺斤短两，那就是"无之以为利"了。

对于《老子》的思想，很多人首先想到的就是"无"，甚至认为

1《庄子·外物》发挥过这个思想：先是惠子批评庄子的言论没用，庄子应对说："一个人只有先明白什么是无用，才能和他谈什么是有用。以天地之大，而人所用的不过是一点立足之地而已，但若把立足之地以外的地方全都挖掉，人所立足的这一小块地方还有用吗？"
2 也有人用通行本第二章的"有无相生"来解释这个问题，但第二章是久被误读的一章，后文再做说明。

"无"就是核心思想。在这一章里，至少乍看上去，"有之以为利，无之以为用"，强调的还是那个"无"字。

不过，古人当中搞政治改革的，不都是何晏，不都是夏侯玄，也有锐意奋发、积极进取的，王安石就是一个典型。王安石是一个改革家，也是一个大学者。我们现在谈起王安石变法，主要关注青苗法之类国计民生的内容，很容易忽略其思想教育方面的改革。但要知道王安石冒天下之大不韪搞出这么大的动静来，一定先要扫清意识形态障碍，而《老子》思想恰恰就是变法派的一个不大不小的障碍。如果何晏在世，王安石至少在斗嘴上是输定了。

王安石作过一部《老子注》，可惜已经失传了，但有一篇总论性的小论文传了下来。王安石的意见是，"有"和"无"的问题应该好好探讨一下，不要盲目地强调"无"。道有本末，万物生于本、成于末。生于本是一个自然的过程，确实不假人力，成于末因为涉乎形器，所以少不得人力。对于那些不假人力的自然之生，圣人可以无言，可以无为，而对于那些离不开人力的，圣人就不能无言，不能无为，所以圣人才制定了礼、乐、刑、政这四大法则。老子却不这么想，以为涉乎形器的东西也不足言、不足为，所以排斥礼、乐、刑、政，只推崇一个"道"字，这就是不明事理的高谈阔论了。

王安石接下来就引述了《老子》"三十辐，共一毂"这段文字，说这个辐条和车轴确实是"当其无，有车之用"，但如果以为起作用的就是这个"无"，工匠干脆就不制作辐条和车轴算了，这一来还怎么"有车之用"呢？今天人们都说当车之用的是"无"，当天下之用的也还是"无"，却不知道这个"无"到底是如何起作用的。

"无"之所以"有车之用",是因为匠人先制作了车轴和辐条;"无"之所以能为天下用,是因为先有了礼、乐、刑、政。如果不要车轴和辐条,废弃了礼、乐、刑、政,以此来追求"无"的效用,这不是虚妄是什么!(王安石《老子》)

王安石敏锐地抓到了要点:《老子》这一章根本就不是在强调"无"的效用,而是强调先有了"有"之后的"无"的效用,也就是"有"为体,"无"为用。要发挥"无"的那种自然天成之效,必须先建立出一个"有"来。这个结论一出,儒家的礼、乐、刑、政也就是顺理成章的事了。也就是说,王安石很好地用《老子》的逻辑论证出了儒家思想的必要性。

5

我想,肯定很多人无法接受王安石的这个观点,尽管它看上去既合乎逻辑,也合乎情理。但如果玄学家看在眼里,一定会觉得粗鄙可憎。天才少年王弼给出的注释就是:"有之所以为利,皆赖无以为用也。""有"之所以带给人们种种便利,都是因为"无"在起作用。

这才是经典的解释,尽管不合逻辑。

在王弼那里,"无"是作为宇宙之本体的,这个本体无形无名,却存在于每个事物之中,被冠以不同的名字,发挥着不同的作用。我们勉强把它想象为水吧，水周流世界，遍布万方，在河里叫河水，在海里叫海水，掺进糖和色素装在瓶子里叫汽水，由味蕾分泌出来的叫口水……随方就方，随圆就圆，这正是王弼所理解的，"无"就是"道"。

王弼没看到过楚简本《老子》，于是合情合理地犯了这个美丽的错误。王弼的整个玄学体系都是建立在"无中生有"这个基石上的，但一座理论大厦并不会就此轰然倒塌，因为我们只能说王弼对《老子》的解读有些问题，仅此而已。

几乎在同一段时间里，希腊的哲学家也在研究着"有"和"无"的关系问题。恩培多克勒，一位不大为我们熟悉的先生，采取了一个完全不同的研究角度——这恰恰很能说明东西方思想的一个显著差异。

无，真的是无吗？真的是空无所有吗？恩培多克勒和《老子》一样，也是从器皿入手的：他发现，当一只空瓶子倒着放进水中，水却不会流进去。他饱含诗意地说："当一个女孩子玩弄着亮晶晶的滴漏计时器，用她那美丽的小手压住上面的注水口，空出下面的出水口，再把它浸入水中。这时候我们会看到，水并不会流进这个计时器里，因为计时器里面的空气的重量压着底下的出水孔，把水堵住了。要等这位女孩子把压住上面的注水口的手拿开，空气才会逸出，同等体积的水才会流进去。"

第八章

天地不仁，以万物为刍狗

1

老子升格为太上老君之后，带起了好大的一脉香火。老百姓很少会去关心教理，总是见个泥胎就拜，礼多神不怪。于是，就像佛祖教人"四大皆空"而人们反而向他求财一样，《老子》明明打着醒目的无神论旗号，可还是被人当成神了。

据《抱朴子·杂应》的描述，成神之后的太上老君好不威风，他身高九尺，鸟喙隆鼻，眉毛长五寸，耳朵长七寸，脚上有八卦图案。他的床是一只神龟，住的地方是金楼玉堂，台阶都是白银做的。他以五色云为衣，头戴重叠之冠，腰悬锋铤之剑，被一百二十名仆童簇拥着，还有神兽环卫四周：左有十二青龙，右有二十六白虎，前有二十四朱雀，后有七十二玄武，十二穷奇在前开道，三十六辟邪在后压阵，头顶之上雷鸣电闪，熠熠生辉。

只是如此阵容，哪里还有一点谦冲退隐、洗尽铅华的模样呢。一个人一旦成为偶像，光环就远比真实重要了。[1]

白居易写过一首《海漫漫》，题下小注说"戒求仙也"，说了一些求仙的虚妄，最后归结到老子头上："何况玄元圣祖五千言，不言药，

---

1 处在另一个极端的道教神仙是苦行主义者的神仙，在《神仙传》和《列仙传》里不乏详细生动的记载。

. 道可道：《老子》的要义与诘难

不言仙，不言白日升青天。"而老子的信徒们做得最多的，恰恰是《老子》五千言里从来没说的。

这就有必要说说我们的传统。显而易见的是，我们的传统是在周代被塑型的，孔子宗周，后来儒学成了官方学术，绵延两千年。但这约略可以说是官方传统，还有一种民间传统，正如万志英（Richard von Glahn）说的：在现代考古学出现之前，人们只是隐约地感觉到，中国宗教文化的许多基本特征都是源于商王朝的，现在我们已经能够认可这个看法了。（*The Sinister Way: The Divine and the Demonic in Chinese Religious Culture*）

商代的人有着虔诚的信仰，周人作为革命者，敌人支持的，我们就要反对，所以对天命、鬼神纵然不高声反对，至少也很有几分怀疑。周代是一个偏于理性的时代，狂热的信仰传统要到秦汉以后才被恢复。我们看诸子百家，真正抱持有神论信仰的只有一个墨家，而这还与墨子的特殊身世有关：墨子有可能是宋国人，宋国正是殷商后裔的封国；墨子还有可能出身于社会下层，和周代上流社会的主流文化应该有一定的距离。

而即便是墨家内部，对鬼神之事的意见也很不统一。墨子本人坚定地高举鬼神大旗，认为鬼神英明神武、公正廉明，但这个信念毕竟和社会现实的差距太大了，所以就连墨子的嫡传弟子也渐渐开始怀疑老师的话了，搞得墨子要不断地开导他们才行。

近年发现的上博简有一篇《鬼神之明》，说是鬼神之明，其实对鬼神到底够不够明很怀疑。让作者非常困惑的是，伍子胥那么好的人竟然落得无比悲惨的下场，乱臣贼子荣夷公却能得享天年，看来鬼神也不那么靠得住。

《鬼神之明》到底要算哪个学派的文献，学者们有说是墨家的，有说是儒家的，但对鬼神的怀疑可以说是当时社会上一种很主流的观念。怎么解决这个问题，人们需要的其实不是真相，而是心灵鸡汤，所以后来佛教能够在中国流行，就是因为引进了六道轮回的概念，并发展出许多易于被大众接受的修正主义的解释，把这个老大难的问题给解决掉了。

先秦时期，人们还没有想得那么多。我们回过头来再看《老子》，它在这个问题上坚定地站在无神论的立场上，喊出了一句让许多人都很不舒服的宣言："天地不仁，以万物为刍狗；圣人不仁，以百姓为刍狗。"（通行本第五章）

大家之所以感觉不大舒服，首先是因为儒家的核心理念"仁"在这里处于一个很难堪的位置。有人说《老子》旗帜鲜明地反儒，这句话也算一个重要证据。

真是这样吗？我们先把这句话放在上下文里看看：

> 天地不仁，以万物为刍狗；圣人不仁，以百姓为刍狗。
> 天地之间，其犹橐籥乎！虚而不屈，动而愈出。
> 多言数穷，不如守中。

> 天地无所偏爱，任凭万物自然生长；圣人无所偏爱，任凭百姓自己发展。
> 天地之间，岂不像个风箱吗？空虚但不会穷竭，发动起来

而生生不息。

　　政令烦苛反而加速败亡，不如持守虚静。（陈鼓应《老子注译及评介》）

　　这是通行本第五章的全部内容。一共三段话，彼此不相关。要想把它们联系起来，大概只有"感悟"一途了。

　　若用个朴素而笨拙的办法，对照一下楚简本看，事情就变得有些蹊跷了。郭沂先生做过一个统计，发现通行本的某些章只有一部分见于楚简本，而同样一章里，见于楚简本的部分和不见于楚简本的部分风马牛不相及。第一个例证就是我们现在讲到的这章。这一章，楚简本里只有"天地之间，其犹橐籥乎"，并没有"天地不仁"和"多言数穷"那两段。（《郭店竹简与先秦学术思想》）

　　在其他文献里寻找蛛丝马迹。《文子・自然》引过《老子》这一章，但只引了"天地不仁，以万物为刍狗；圣人不仁，以百姓为刍狗"；《淮南子・道应》引《老子》这一章，却只有"多言数穷，不如守中"；《文子・道原》也引过"多闻数穷，不如守中"，紧接着的就是"绝学无忧，绝圣弃智，民利百倍"。看来通行本《老子》第五章的文字原本并不在同一章里。（彭浩《郭店楚简〈老子〉校读》）

　　郭沂先生推断，通行本的章节中不见于楚简本的部分显然是后人加进去的，既有加得生硬的，也有加得巧妙的。这个推断很有说服力，也很有解释力，我们就先依着它，把"天地不仁"这一句剥离出来，在儒道矛盾越发激化的那个语境下来理解。

2

首先解释一下何谓刍狗。

1971年，有暴力美学电影宗师之称的导演萨姆·佩金帕（Sam Peckinpah），拍了一部名叫*Straw Dogs*的经典禁片，但是很多观众不理解"稻草狗"（Straw Dog）和电影内容到底有什么关系，其实这个"稻草狗"就是取自《老子》的"刍狗"。

在电影的一开始，达斯汀·霍夫曼饰演的数学教授大卫带着美丽的妻子住到了妻子在英国的农村老家，想在这个宁静的环境里潜心研究学问，但这个书生气十足的数学家总是受到那些粗犷的邻居的欺侮，一而再，再而三，愈演愈烈，但他从来没有发作。得寸进尺的邻居们甚至设计骗他出门，借机强暴了他的妻子。

第二天，大卫夫妇在开车回家的途中不慎撞伤了智障青年尼尔斯，便把他载回了家，谁知道尼尔斯正受到一干村民的追捕。明明事不关己，而一向逆来顺受的大卫这一次却坚决捍卫着自己的原则：不能在自己的家里发生暴力。

大卫拒绝交出尼尔斯，因此被五名狂暴的追捕者围困在家里。

在僵持的过程中，村民们杀死了闻讯赶来的警长。警长之死不但意味着法制约束力的消失，也意味着暴徒们没了退路。

大卫也没了退路，他拿起一切可用的武器坚决地捍卫自己的私人领地。作战的时候，大卫打开了留声机，以苏格兰风笛作为自己的战鼓。他仍然像平时那样不动声色，却消灭了所有侵入自己住宅的人。

这是一部相当复杂的电影，可被解读的歧义空间很大。至此，萨姆·佩金帕的"刍狗"至少可以获得三个层面的解释：一是主人公终于视邻居为草芥，杀人毫不手软；二是"天地"和"圣人"都是"不仁"的，谁都不会为主人公遭受欺凌而出头；三是主人公从来就不是一个懦弱的人，他在一些侵犯面前之所以看似懦弱，只因为这些侵犯并没有触及他的原则，而他的原则对所有人一视同仁，视所有人为刍狗，无论是侵入自己住宅的暴徒，还是自己那美丽的妻子。在第二和第三点上，可以说导演确实表达出了《老子》的意思，而且还清晰地告诉了我们，即便在清心寡欲的道家那里，暴力也是天然具有正义性的。

所谓刍狗，如 Straw Dogs 这个英译，是一种草扎的狗。《庄子·天运》里，师金评价孔子，就用刍狗来做比喻，说在献祭之前，刍狗被人恭恭敬敬地盛在竹筐里，盖着精美的绣巾，巫师要斋戒之后才能前来迎送，可等到献祭之后，刍狗便被丢弃不顾了，过路人踩坏了它，樵夫把它捡回去生火。这时候如果再有人把它拿回家供着，恐怕睡觉都会做噩梦了。孔子不就是这样吗，先王的礼乐无非是当年的刍狗，时过境迁了，却还要摆出来供着，难怪孔子一辈子碰壁。

就祭祀来讲，刍狗好像还很灵验。《韩诗外传》还讲过这样一件事：上古有一位名医叫作弟父，他给人治病只有一个方法：以莞草编成席子，以刍草扎成狗的样子，面向北方祈祷，只消十句话，病人就全好了。

苏辙《老子解》说：刍狗在祭祀的时候被装饰起来，被人们恭恭敬敬地供奉着，难道是人们敬爱它吗？只是这个时候就该这么做而已；等到祭祀结束之后，刚刚还一身盛装的刍狗就被随意丢弃了，难道是人们讨厌它吗？只是这个时候就该这么做而已。

天地没有仁心，把万物当作刍狗；圣人也没有人心，把老百姓当作刍狗。——这是不是意味着统治者对老百姓该照顾的时候就照顾，该抛弃的时候就抛弃呢？又由谁来决定到底什么时候才是这个"时候"呢？

这个道理看上去有点骇人听闻，稍微多想一想就会觉得毛骨悚然。不过胡适先生说，"天地不仁"的"仁"有两种说法，一是慈爱，二是"仁"即"人"，"不仁"就是说"不是人"，不和人同类，然后给以很高的评价说："古代把天看作有意志、有知识、能喜怒的主宰，是把天看作人的同类，这叫作天人同类说（Anthropomorphism），老子的'天地不仁'说，似乎也含有天地不与人同性的意思。人性之中，以慈爱为最普通，故说天地不与人同类，即是说天地无有恩意。老子这一观念，打破古代天人同类的谬说，立下后来自然哲学的基础。"（《中国哲学史大纲》）

不过，若依循胡适先生的这个解释，不但天地不与人同类，就连圣人也不与人同类了。何况周代在开国时期就很有无神论的思潮，发展到老子这个时候，不但没必要"打破古代天人同类的谬说"，反而要"建立"这个谬说了。

钱锺书先生也说所谓"不仁"有两种情况，应该加以辨析。

第一种情况就是我们最熟悉的儒家概念，所谓"天地不仁""圣人不仁"，是说天地和圣人全都没有爱心。第二种情况中医都很熟悉，所谓"不仁"就是"麻木不仁"，指的是手脚麻痹了不能动，这在《黄帝内经·素问》里就有记载，武威汉简发现的医书里也有。

第二种意思在《老子》这一章最能贯通上下文，所谓"天地不仁，以万物为刍狗；圣人不仁，以百姓为刍狗"，就是说天地是麻木的、没感觉的，任凭万物自成自长、自生自灭；圣人也和天地一样，任凭百姓自成自长、自生自灭。

无论把"不仁"理解为麻木不仁还是没有爱心，总之，天地给万物提供了一个可资生长的环境，其他则不闻不问，圣人同理。这对老百姓来讲似乎有点残酷，无论遇到了什么不幸，任你哭天抢地也好，求神拜佛也罢，统统没用。不过话也说回来，在《老子》的思路里考虑问题，会发现百姓们之所以哭天抢地、求神拜佛，恰恰是统治者的有为之仁政要负很大的责任。

当然，也有一部分责任是老百姓自己要负的，谁让他们欲望太多呢。如果统治者恬淡无为，被统治者淳朴寡欲，这该是个多好的太平世界啊。《老子》这么想，至少出发点是好的。

钱锺书先生举出过杜甫《新安吏》的"眼枯即见骨，天地终无情"，说这句诗是"解老之浑成语也"。

《新安吏》是杜甫著名的"三吏"诗之一，说的是"安史之乱"期间唐军在邺城大败，郭子仪退保洛阳，其他节度使各自逃回本镇，唐政府为了补充兵员而强拉壮丁。杜甫当时正由洛阳去华州，途经新安县，眼睁睁看着县城里未成年的孱弱少年尽在征兵之列。

悲天悯人的杜甫先是道出了一句似乎天地有情的话来："白水暮东流，青山犹哭声"，河水东流，一去不返，似是在象征那些被强行征召入伍的少年，青山定定不动，只有哭声一片，似是在象征新安道上送行的亲人。[1]但是，青山白水的有情毕竟是人的感情投射，对于天地来说，这些无法回头的少年是否就像无法回头的白水一般呢？沧海可会怜惜一粟，茫茫无穷之宇宙，可会体恤这小小的、凡人的悲欢离合吗？

3

这个意思，很多人接受起来都感到困难，人们总要为自己的命运求一个可以接受的答案。《庄子·大宗师》讲过一个故事，子舆和子桑是好朋友，有一段日子天气很坏，雨一连下了十天，子舆便开始担心子桑，怕这个穷朋友撑不过去，就带了伙食去看望他。到了子桑家

---

1 清人仇兆鳌《杜诗详注》说："此于临行时作悲悯之语。白水流，比行者。青山哭，指居者。"意思点得很好，就是比附得太僵硬了。

的门口，却听到里边发出一种奇怪的声音，又像唱歌又像哭号，仔细听，是子桑鼓琴而歌："爹呀！娘呀！天呀！人呀！"唱得急促而不成调子。

子舆推门进去，对子桑说："你唱的是什么呀，怎么是这种怪腔调？"

子桑答道："我正在想，到底是什么原因让我穷成这个样子，可我百思而不得其解。难道要怪我的父母吗？可他们又何尝希望我混成这样呢！应该怨天怨地吗？可是天地没有偏私，难道偏偏要为难我吗？我之所以沦落到这般的绝境，看来不怨天地，不怨父母，这都是命呀！"

子桑的这番话，解答了道家人要面对的一大难题：既然天地无私（天地不仁），为什么人的贫富穷达会悬殊这么大呢？总得有一个承担责任的东西才行，既然天地承担不了这个责任，那就怨命好了。[1]

如果能够站在统治者的高度来看问题，答案就不会显得那么悲观。比如一种典型的理解是：这一章是说天地对待万物、圣人对待百姓，都一视同仁，并无偏私。按照王弼的经典注释，天地如果存有仁爱之心，就会以自己的意志来向万物示以仁爱，以自己的标准来"有为地"

---

[1]《庄子·天运》还有另外的讲法：宋国的大宰荡向庄子问仁，庄子说连虎狼都符合仁的标准，因为它们的父子之间也会相亲相爱，若问仁的最高标准，那就是"至仁无亲"。大宰荡很困惑："无亲就是不爱，不爱就是不孝，如果说至仁不孝，这样也可以吗？"庄子的解释是："不是的。至仁是仁的最高境界，孝还不足以说明它，而你所说的连孝的标准都没达到。……用敬行孝易，用爱行孝难；用爱行孝易，使父母安适难；使父母安适易，使父母不牵挂我难；使父母不牵挂我易，使天下安适难；使天下安适易，使天下忘我难。德迈尧舜而无为，利泽万世而天下不知，难道还要夸扬称孝吗？孝悌仁义、忠信贞廉，这都是被称为美德的东西，却是劳苦人性的，不值得提倡。所以说，最尊贵的，可以放弃一国的爵位；最富足的，可以放弃一国的财富；最显荣的，可以放弃任何名誉。"

改变万物的自然状态。动物吃草，人类吃狗（王弼错误地把"刍狗"理解为"刍和狗"），虽然残忍，但这是生物的自然本性。如果天地要以仁爱之心来改变这些，反而对谁都没好处。

《庄子·齐物论》说"道之所以亏，爱之所以成"，爱的出现意味着道的亏损，这种观念可以看作对《老子》"天地不仁"一章的发挥吧。

这很像我们很熟悉的一个故事：在一个特定的区域里，人们为了保护鹿群而灭绝了狼群，结果却发现失去了天敌的鹿群反而在养尊处优的环境里迅速退化了，于是人们幡然醒悟，"引进"了曾经悉心以灭绝之的狼群。

但麻烦的问题是，这个道理即便在自然界里自然成立，但它可以原封不动地引入人类社会里来吗？有人就很乐观，王弼以为这种"不恩不伤"的大道如果被天地违反了，万物就无从生长，如果被圣人违反了，政治肯定就搞不好。（《老子微旨例略》）

但是，王弼所谓的"不恩不伤"实在有点牵强，因为他既然承认动物吃草和人类吃狗都是生物的自然本性，这自然就有恩有伤——草对牛羊有恩，牛羊对草有伤。这个道理还是《阴符经》讲得更妥帖一些："天地，万物之盗；万物，人之盗；人，万物之盗也。三盗既宜，三才既安。"人与万物的生长所依赖的养分总不是凭空而来的，而是从哪里"盗"来的。草木要盗天的雨露和地的氮磷钾，人要盗牛羊的蛋白质，蚊子要盗人和动物的血，天下万物都是这种既相盗又相依的关系，这种关系只要到达稳定状态，万事万物就会相安不乱。狼群和鹿群就是这样，不可以率然破坏它们在长久的博弈中形成的稳定状态。

这种思想看上去很先进，但依然很难照搬进人类社会。比如，奴隶主剥削奴隶也可以达到一种"三盗既宜，三才既安"的稳定状态，但这是不是人类社会适宜追求的目标呢？更让我们习以为常的是，统治者自然会觉得牺牲一部分人的利益来换取整体的长足发展，这不但非常划算，而且合乎正义，反正再怎么牺牲也牺牲不到统治者自己。

人类毕竟要面临许多道德问题，否则就真可以依照社会达尔文主义来做事了。

换一个角度来想，先举一个很简单的切身的例子：你今天的晚餐食谱是羊肉烧烤，厨师正磨刀霍霍准备宰羊，你该怎么做呢？

人类的天性就是杂食，所以人吃羊是"自然"的；而恻隐之心也是人类的天性，所以你不忍心看到小羊被杀也是"自然"的。孟子就折中地解决过这个问题：羊当然可以杀，可以吃，只是君子应该远离厨房，避免看到羊被宰杀的残忍过程。小人有没有恻隐之心，孟子就不管了。

这个道理引申之，如果我们手持先进武器，突然看到一只老虎在追捕一只小羊，我们应该怎么做呢？按照"圣人不仁"的标准，我们应该听之任之，不以自己的意志去干涉自然规律。王弼曾引用某位不知名的古人的话说："人们很难领悟这个道理呀，只知道非圣就是非圣，却不知道圣也是非圣；只知道不仁就是不仁，却不知道仁也是不仁。"（《老子微旨例略》）换成我们容易理解的话就是：普通人只能理解坏蛋很坏，一点都不好，却无法理解真正的大好人看上去也一点都不好。

但按照儒家的标准，即便我们知道老虎吃羊是不可改变的自然规律，也知道老虎并不是因为道德品质败坏才去捕食小羊的，还知道即便我们救下这一只小羊也救不下千万只小羊，我们至少还是应该开枪把老虎吓跑，把"眼前的"这只小羊救下来才对，非如此则是人性沦丧、毫无恻隐之心的表现，也就不成君子了。

我们把逻辑再向前一步：如果吃与被吃的关系发生在人类社会的内部，我们又应该在何种程度上遵循"天地不仁"与"圣人不仁"的教诲呢？

4

天地对待万物、圣人对待百姓，都一视同仁，并无偏私。——如果是这样的话，倒很符合《庄子·天下》介绍的彭蒙、田骈和慎到的思想。在他们看来，大道包含万物却不做具体的分辨，人要效法大道，就得抛却主观，齐同万物。[1]

这听起来虽然舒服得多，却不小心走进法家了——《荀子·非十二子》果然就批评田骈和慎到他们"尚法而无法"，但这说明他们好歹也是推崇法治的。

的确，以上的道理如果应用到政治实践中去，就意味着：确切的

1《庄子·徐无鬼》也有类似的表达，说"真人"的一项特质就是"无所甚亲，无所甚疏"。

法律条文才是对（统治者本人之外的）所有人一视同仁的，或者用现代公司来做例子，奖惩制度、考勤制度对所有员工一视同仁。赏罚基于既定的程序，而不是基于领导的好恶。《韩非子·用人》认为这种情况是最高的政治水平，即"至治之国，有赏罚而无喜怒"。马王堆帛书《经法·国次》讲"天地无私"，也近乎这个意思，但接下来就教人如何"正义地"吞并别的国家了。

这不只是一个现代读者才有的困惑，早在汉朝就有了。也许是本着一种善良的心理，相信不中听的话一定是假话，所以汉朝一位给《老子》作注的前贤把这一章注释得非常符合大众的心理期待。这位前贤很可能就是留侯张良的九世孙，五斗米道的创始人，第一代的张天师：张道陵，而注本的定稿也有可能归功于他的孙子张鲁。这个注本，就是在道教被尊为"四辅"之首的《老子想尔注》。[1]

斯坦因当年从敦煌莫高窟弄走了许多典籍写本，其中就有《老子想尔注》的残卷，现在我们只好到大英博物馆去看了。

《老子想尔注》对"天地不仁"一章的注释别具一格，说所谓"天地不仁"，只是对邪恶之辈不仁，对良善之辈却很仁慈，"道"就是这样惩恶扬善的。天地对那些坏分子视如刍草和苟畜。（注释者显然没搞懂"刍狗"的意思。什么叫"苟畜"，我也不明白，好在这并不影响我们观其大略。）

---

1 相当令人吃惊的是，尽管有大量的负面评价，对五斗米道的信心居然历千年而不衰。康熙年间的年轻词人纳兰性德在《渌水亭杂识》里这样记载道：史书对五斗米道严加斥责，而如今的龙虎山张真人正是当初五斗米道创始人张道陵的嫡系子孙，以符箓治妖确有实效。他说他的祖先张道陵与葛玄、许旌阳、萨守坚四人是所谓上帝四相。这话虽然是无稽之谈，但符箓的效用确实是有的。所以庄子说"六合之内，圣人论而不议；六合之外，圣人存而不论"，仙家之事，正是圣人存而不论的。只是不论罢了，圣人也没有否定。

接下来说圣人：圣人效法天地，对好人好事很仁慈，对坏人坏事就不仁慈。所以做人应当多积善功，使精神与天相通，这样的话，就算遇到危难，天也能马上知道，及时过来救你。那些庸庸碌碌的人却像刍狗一样，精神不能通天。为什么会这样？因为他们心里藏着邪念，所以没法通于上天，就像小偷不敢面对警察。那么在危难关头，天自然不会知道，更不会来救他们了。

理性的读者恐怕很难想象这样的解释竟然也可以成立，尤其是，居然把无神论的《老子》变成了有神论。这不免让人疑惑：这样的书怎么能立得住脚呢？——答案或许很简单：它最主要的目标读者不是士大夫阶层，而是普通百姓，而它恰恰说出了老百姓的心声。

东汉末年，天下板荡，五斗米道也算割据政权中的一支。尤其在张鲁这一代上，在汉中建立了政权。但张鲁这支割据势力和曹操、刘备等人的集团有一个很大的不同：它并不是纯粹的政治力量，而是政教合一，先有教权，才有政权。而这部《老子想尔注》可以说就是他们教权所秉的"圣经"，遵照其中昭示的"道意"，小则可以修身，大则可以治国。

张鲁也果然把汉中治理得很好，统治近三十年之久，直到建安二十年投降了曹操。

生逢乱世，张鲁纵然想抛开《老子想尔注》，只按《老子》本文的"圣人不仁"来做，毕竟也做不到。就算做到了，就算把境内真的治理成《老子》所向往的那个淳朴的古典天堂，到头来还是为人做嫁衣，被强者一股脑地取了过去，应了《庄子·胠箧》的道理。[1]这样看来，《老子》的政治理想必须还有一个前提：我所治理的这片地方一定就是全部的天下。

这道理不大令人愉快，难道天地不仁，就任凭人间"杀人放火金腰带，修桥补路无尸骸"吗？事情似乎还有转机，《老子》还有一句名言："天道无亲，常与善人"（通行本第七十九章），尽管这句话也不见于郭店楚简本。

5

"天道无亲，常与善人"，这句话虽然在楚简本里找不到，却似乎有一个更加古老的来源。《说苑·敬慎》记载过这样一件事情：孔子参观周之太庙，见到一座金人，三缄其口，金人的背上镌有大段的铭文，全是明哲保身的处世哲学。就在铭文的最后，赫然正是"天道无亲，常与善人"。

如果这段话记载属实，就说明通行本《老子》的这句话正是从这

---

1 张鲁投降曹操，至少不完全出于办公室小爬虫式的功利算计，而是因为他和曹操存在着近似的道教信仰，也就是彼此有着一定程度的文化认同感。曹操一家是有道教信仰传统的，黄巾军将领还因为这个原因和曹操套上关系，青州黄巾军二十万人投降曹操并成为曹军主力，也因为有这个认同感在。而刘备即便能开出更高的条件，即便比曹操实力更大，张鲁也不会出于所谓人性而选择刘备。他是宁做曹操的奴仆，也不愿做刘备的上宾。这话即便带有夸张，但也说明了一定的道理，而且这样的重要决策也要稳得住汉中那么多的新老信徒才行。

段铭文里抄录来的。——这是一个争议话题，学者们有相信的，也有不相信的，就我看过的论战材料来说，我基本倾向于不信的那一派。这篇铭文应该是仿古造旧的，可惜造旧如新，应当是战国末年以至汉初的作品，断然不可能被孔子看到。

所以，"天道无亲"和"天地不仁"这两段有可能是同一时期被道家后学加进《老子》文本的，它们在意思上也确实相当贴合。

但是，我们仍然可以推断"天道无亲"并不是《老子》的原创，而是从古书里改编过来的。《左传·僖公五年》记载了晋国著名的假虞伐虢的事情，宫之奇劝谏虞国国君，讲了很多唇亡齿寒之类的大道理。当虞君为自己找借口，说自己一向重视祭祀，鬼神一定会帮忙的时候，宫之奇引述《周书》，说"皇天无亲，惟德是辅"，否则的话，假如晋国灭了我们虞国之后把祭祀规格搞得更高，难道鬼神还会帮他们不成？

宫之奇这番话，可谓徘徊在有神论和无神论之间。《周书》"皇天无亲，惟德是辅"也正是周代开国先贤们的思想方针，现在被《老子》稍作改动地拿来用了，鬼神的色彩完全见不到了。

"天道无亲"和"天地不仁"是同一个意思，但后者下启"以万物为刍狗"，前者则下启"常与善人"，是说天道常会站在善人的一边。好像有点矛盾，到底哪个对呢？

这两句话，其实并不矛盾。我们可以想象一下短跑比赛，终点的那根红线既"不仁"，也"无亲"，以所有的运动员为刍狗，但只会被跑得最快的那个运动员撞到。也就是说，在《老子》的天道观里，虽然没有人格神高踞苍穹之上俯瞰众生，惩恶扬善，但好人常常能得到好报。这是因为他的行为符合天地自然之道，受到了自然规律的回报。

我们还应该注意一下《老子》惯用的修辞，它经常"正言若反"。《淮南子·诠言》讲"五大"，前两位就是"大道无形，大仁无亲"，这完全是《老子》的口吻。原来"无亲"是"大仁"的特点，那么"天道无亲"也就是"天道大仁"了。这样一梳理，"天道无亲"和"天地不仁"竟然是一回事？！也就是说，"不仁"就是"大仁"。

有趣的是，孔子也表达过非常类似的观点，他说："尧真是了不起呀！真高大得很呀！只有天最高最大，只有尧能够学习天。他的恩惠真是广博呀！老百姓简直不知道怎样称赞他。"（《论语·泰伯》）

王弼在《论语释疑》里阐释孔子的意见说："大爱是无私的，所以不会对某人有特别的恩惠。尧效法上天，他的政治法则符合于万物的自然。他不偏袒自己的儿子，而是尊奉臣子（舜）为君，于是邪恶之人自动受到惩处，为善之人自然成就功业。但无论是功业、美名还是惩罚，都不是尧亲力亲为的。老百姓也不明白这背后到底是怎么回事，所以也就不知道该怎么来称赞尧了。"

这些内容完全适合用来阐释《老子》的"天地不仁，以万物为刍狗；圣人不仁，以百姓为刍狗"。其背后隐含的道理是：天什么都不做，什么都不说，却默默地使万物生长，欣欣向荣，这里边的道理纵然很难弄清，但有样学样一定没错。连《阴符经》这样的书在一开篇也提纲挈领地说："观天之道，执天之行，尽矣。"天怎么做，我们就怎么做，这就足够了。

但是，话虽顺耳，读者们难免会有怀疑：天地不是生命体，做到

"不仁"很容易，但圣人毕竟也有血有肉，做到"不仁"岂不是很难吗？——的确很难，而解决的途径，一是承认天是有生命的，比如在道教早期经典里，认为帝王是天的儿子，儿子自然应该遵循父亲的教诲（《太平经·去邪文飞明古诀》）；二是沿袭天地自然观，至于圣人到底要怎么做，除了不偏不袒之外，应该还有一个必要的内容：隐藏自己的好恶之心，不显露出自己的意图和欲望。因为统治者一旦显露出主观倾向，臣下就该竞相作伪了。

只是这个道理是法家告诉我们的——《老子》要统治者对人民"不见可欲"，《韩非子》要求统治者"无见其所欲"；《老子》讲"大巧若拙"，黄老一系的《阴符经》却讲"性有巧拙，可以伏藏"，要人深藏不露，正是很配套的两对概念。这也可以看出，《老子》之学的确很容易走向法家。

问题并没有至此结束。且不说如何解释天道将会言人人殊，更重要的是，如果说统治者最佳的政治法则就是效法上天，并且天道总是站在好人的一边，这真是一种自然规律的话，为什么现实生活中好人没好报的现象比比皆是呢？

这个问题对于周朝人的意义和对于我们的意义很不一样。周人立国是以下犯上的造反，用"血流漂杵"的暴力手段推翻了殷商政权，所以，证明自己的合法性最是当务之急。

当时有一个非常敏感的问题：殷商最信天命鬼神，但还是被周人推翻了，这难道说明了天命鬼神全是假的吗？——周人就算心里这么想，嘴上也不能这么说。为了维护政权的稳定，天命鬼神的道理还是要讲，只是更多地讲给被征服了的殷的遗民听，内部讨论的时候就很有无神论倾向了。

那么，天命既然存在，为什么侍奉上天和鬼神最勤的殷商却灭亡了呢？周朝开国的先贤们编出了一种崭新的天命理论：上天是照顾你还是惩罚你，并不看你祭祀搞得是否隆重，而是看你的德行。如果你的德行足以配天，自然一切顺遂；但如果你的德行坏了，哪怕你再虔诚，一样会招致厄运。

这种理论一出，武王伐纣自然就属于替天行道了，但时间久了，人们在现实生活中便发现了越来越多的反例，居然无法用这套理论来解释！孔子就遇到过这种情况，那次南下楚国，被困陈、蔡之间，断粮了很多天。子路想不通，问孔子道："我听说善有善报，恶有恶报，以老师您这样的修为居然落到这般田地，这是为什么呢？"孔子看来早就想过这个问题了，当下列举了一大批历史名人，归结道："贤不肖者，材也；为不为者，人也；遇不遇者，时也；死生者，命也。"这话有点像我们老百姓说的"一命二运三风水"，总之不认为经历过风雨就一定能见到彩虹。

这个故事在儒家经典里常被提到，《荀子·宥坐》《孔子家语·在厄》《说苑·杂言》都讲，《史记·孔子世家》也讲，只是情节不大一样：弟子们因为挨了饿，开始怀疑老师推行的大道是不是错了。——这种怀疑很正常，根据周人的天命观念，确实可以顺理成章地得出这个结论：孔子之所以这么倒霉，是因为德行不能配天，甚至走的是一条歪门邪道，所以才受到了上天的惩罚。

在《史记》的版本里，最后是孔子最得意的弟子颜回说了一番似乎可以开导所有人的话："老师您推行的道是至大之道，大到全天下都容纳不下。但这有什么呢，他们容不下您，才见得您是真正的君子。"

两个版本比较起来，还是第一个版本更反映出儒家师生们当时面对的一个很严峻的问题：周朝开国以来的天道观念是不是应该被重新解释了？否则的话，不要说无法理解这个错综复杂的现实世界，甚至连自身行为的正当性都要受到怀疑了。

郭店楚简《穷达以时》也是讨论这个问题的，表明孔子确实提出了一种"天人有分"的理论，比荀子的"天人相分"更早，把天和人的关系拉远了很多。同时出土的《唐虞之道》，依顾史考先生的释读，"古者尧升于天子而有天下，圣以遇命，仁以逢时"，尧这样的大圣人，也有一个"时也，命也"的问题。

这确实是人类世界中的一个老大难问题，在儒家先贤当中，孟子后来也遇到过，他给出的解释就是我们从小就背过的："天将降大任于斯人也，必先苦其心志，劳其筋骨，饿其体肤……"其实这就是一种自我安慰，当你有了成绩，你就当成天道酬勤，当你受了累、挨了饿，你就当作这是上天对你的磨炼和考验。一个人要在艰难时世里讨生活，总少不得一点信念的火花，尽管这个火花只是你的想象力虚构出来的一个幻影。生活的勇气往往来自于自我暗示的谎言，除非你一直过得很顺。

即便是孔子和孟子的回答，也注定不会被大众接受。因为这种答案尽管已经比血淋淋的现实温和了许多，仍然只有意志力在平均值以上的人才有可能安之若素。

《吕氏春秋·具备》也思考过这个问题，但答案朴素得多，不讲天命，只谈"条件"：神射手有了，良弓也有了，但没有弓弦，这是怎么也没法射箭的。射箭需要很多条件，缺了任何一个必要条件（比如弓弦）都不行。人们建功立业也是同样的道理，如果必要条件有缺，就算德行超过商汤王和周武王，也只会徒劳无功的。

这个道理过于朴素，所以也不容易让人接受，尤其是，天命居然完全被弃之不顾了！

即便是迷信风气最盛的汉代，学者们满怀憧憬地希望能够认识天命，发展出了易学的象数一派，也不过是从天象与卦象上推演所谓的神秘卦气在宇宙中的运行轨迹，力图以人事的进退配合之罢了。比如东汉的学术名流郭泰，有人劝他做官，他却说："我夜观天象，昼察人事，上天要废弃的东西是任谁也支撑不住的。当今的世运正处在明夷卦的初九爻位上，潜龙勿用，正是隐居的时候呀。"（《抱朴子·正郭》）

郭泰最终也没去做官，而是专心教书去了。但高深的易学毕竟还只是知识分子的专利，老百姓玩不转它，况且这种答案也不符合人们对"公正"的普遍心理预期。几乎在同一时间，道教的先贤们发展出了一种叫作"承负"的理论，认为前人过失的积累可以使后人无辜受过。(《太平经》)这理论很让善良而淳朴的受众不满，因为它对惩恶扬善的道德追求起到了相当负面的作用。如果说宗教往往反映出现实，那么可以说这个"承负"理论是对当时社会不公、朝政腐败的一声无可奈何的哀叹。而哀叹之极就要反抗，这部《太平经》正是东汉末年黄巾起义的思想纲领，也是道教的第一部经书。

于是，能把天意与命运问题解答"圆满"的，莫过于那种最通俗、但早已背离原典的佛教理论：好人之所以没好报，是因为他前生作了孽；但他一定会有好报，只不过是在来生。这套先进理论后来也被道教吸收了去，而且有了新发展——北魏寇谦之整顿天师道，称太上老君降授《老君音诵戒经》，说谁要是做下大逆不道的事情，惹怒了太上老君，他老人家就会把此人打入地狱，甚至罚作三生三世的畜生。

寇谦之虽在北方，却与南方道教不谋而合。茅山宗创始人陶弘景是一个佛道合修的人，曾经梦见佛祖授予自己菩提记，醒来后就去受了佛教五戒。（《梁书·陶弘景传》）陶弘景编纂了一部很重要的道教典籍，叫作《真诰》，也把阴曹地府、转世托生这套思想编了进去。一千多年下来，眼见得这就是一个终极答案了。

《圣经》也面对过这个问题，最有代表性的章节就是《旧约·约伯记》。约伯是义人的楷模，但撒旦认为，约伯之所以如此虔敬上帝，不过是因为他现在的好生活完全来自于上帝的赐福。——撒旦在这里其实提出了一个很严肃的问题，即人对神的虔诚崇拜仅仅是出于利益上的考量，也就是说，信神的理由仅仅因为这样做可以改善自己的生活，看似高尚的信仰只不过出自凡俗的利益动机。如果虔诚的信仰并不能为自己带来利益的话，人便会放弃这份虔诚。面对这大胆的挑战，上帝便对撒旦说："你可以去毁掉约伯的一切，只是不可害死他本人。"得了上帝的首肯，撒旦便屡屡试探约伯，先是使约伯失去了儿女和财产，然后又使约伯全身长满毒疮，但约伯只是不想活了，却仍然没有对神不敬。

《约伯记》直面了一个相当严峻的问题：义人的无辜受难和上帝的全能与公义之间是否存在矛盾？神学家们对这个问题充满热情，较为朴素的一种认识是，上帝的意志尽管有时不能为我们所充分理解，但我们仍然应当相信他的全能与公义。

当然，义人约伯在最后得到了极大的补偿，但撒旦提出的那个问题依然有着不可忽视的意义。

道家又是怎么回答的呢？不同的支派有不同的说法，有的说法竟然和孔孟之道非常相近。一些学者认为《唐虞之道》的时命观念与道家思想有抵触，恐怕并不尽然。《淮南子·诠言》仔细讲过"天道无亲，常与善人"的道理，只不过字面上是"天道无亲，唯德是与"，说君子做好事不一定就能招来幸福，不做坏事也不一定就能消灾免祸。所以当好运来了，他并不会夸耀说这是自己凭本事挣的；当灾祸来了，他也不会后悔自己的所作所为，因为他知道这灾祸的降临并不是因为自己做错了事。君子的内在修为遵循着一定的准绳，祸福无常都不会动摇他的心，所以心中常是淡泊清净的。所以说，"知道者不惑，知命者不忧"。

如果说通俗读物一定要加一点人生励志的内容，这段话就是极高层次的励志格言了，尽管它一点都不讨好。这种修养，儒道相通，郭店楚简《语丛》有一句话，彭裕商先生释读为"知命者无必"，《论语·子罕》说孔子"毋意，毋必，毋固，毋我"，其中的"毋必"历来都很难解释，推测起来，大概是说圣人不是一根筋，做事之前不会抱着必行必得的想法。[1]

《淮南子·诠言》虽然以极高的修养解答了前边那个疑惑，但是，这个答案只能被少数人接受，而无法走进大众。原因很简单：它违反了心理学的原理。[2]

心理学总结过所谓的"自利归因偏差"（the self-serving attributional bias），人们总是更倾向于把成功归因于自己的努力，把失败归因于外部因素。[3]虽然这看上去是修养不高的表现，但这是人类在千万年的进化当中缓慢形成的心理机制，对生活大有益处。比如心理学家在1988年对失业工人的再就业现象做过一次调查，发现把失业原因归结为外部因素的人在再就业的时候更有信心，也更容易获得新的工作，把失业原因归结为自我因素的人则相反。这就是说，善于推卸责任的人要比勇于承担责任的人更容易获得成功。

我们在遇到挫折的时候，传统教育总是会说：多在自己身上找问题，别找客观原因。而心理学至少在这一点上告诉我们：修养越高，成功概率越低。

---

1 从常识就可以判断，社会越无序，个人的未来也就越是不可预期。但也有人觉得，你之所以看不清，是因为你的眼光还不够时。《鹖冠子·世兵》发挥《老子》祸福相依的观点，说福与祸好像纠缠在一起，混沌不明，纷扰无绪，无论赛场上的胜负趋势多么明显，谁也不知道谁才能笑到最后。吴国在势力最盛的时候，夫差却兵败而亡；越王勾践曾经败落到无与伦比的田地，最后却称霸了。这种事情，只有眼界宏大的通达之人才能看清呀。

2 顺便说上几句，在近些年的通俗历史读物里，心理学越来越被滥用了。一些人似乎很喜欢打着心理学的旗号，去分析某个历史事件里的历史人物们钩心斗角时"隐秘的内心世界"，事实上心理学完全承担不起如此的重任，而且任何一门严肃的社会科学都会对这种既无法证实、又无法证伪的东西充满戒心。当然，如果办公室爬虫术也可以被设置为一门学科的话，这些内容应该归到这个学科里才对。

3 有研究者认为，这个现象并不是普世性的，因为受后天影响太大，比如在日本这种以相互依赖性自我为主的国家中，这种偏差很少发生，或者根本就不存在。

近似的道理还有：我们总是高估自己，低估他人；把自己的成功归于内因，把别人的成功归于外因；即便我们很清楚自己的优点和缺点，但一般都会认为我们的缺点不如优点更重要。另外，现在有一句很流行的话，叫作"性格决定命运"，许多历史读物也热衷于分析历史人物的性格如何决定了他们的命运，而心理学却告诉了我们"基本归因误差"（fundamental attribution error），这是说我们更倾向于把别人的行为归因于他们的性格，而不是他们的处境；还有所谓"虚假一致效应"（false consensus），我们倾向于把自己的行为和观点看作典型的，所以总是假设其他人会做出和我们一样的反应。

这在生活中很常见，比如你揣测某个历史人物的心理，[1]或者揣测某个论坛上辩论对手的心理，其实你暴露出来的往往只是你自己的心理和性格。

所以，许多精彩的道德格言，许多为我们所仰慕的人格修养，之所以熠熠生辉，其实都是因为背景太暗了。违反心理学基本原理，通俗地说就是违反人性，这样的标准自然只能被大众景仰，但不会被大众接受。所以我们看《淮南子·诠言》阐释"天道无亲，唯德是与"，尽管它相当精当地发挥了《老子》"天地不仁"和"天道无亲"的观点，但这个观点如果想被大众接受，就只能被赋予庸俗化的再阐释，所以《老子想尔注》成功了。

道家也有怀疑天道的一派，比如黄老一系的《鹖冠子》。庞煖问

---

1 历史学好歹是一门社会科学，是有标准、可检验的。当它援引心理学来分析问题的时候，基本不可能分析出具体某个历史人物的心理活动。

鹖冠子："圣人之道以什么为首要呢？"鹖冠子回答说："要把人放在第一位。"庞煖不理解："为什么是人而不是天呢？"鹖冠子给出了和孔子完全不同的解释："天那么高，谁也搞不清它到底是怎么回事，既没法向它祈福，也没法求它免祸，谁学天谁倒霉。"（《鹖冠子·近迭》）

在鹖冠子看来，天不能学，地也不能学，圣人之道以人为先，人之道以兵为先，这正是道家与兵家水乳交融的一例。

不过鹖冠子的这种看法很难成为时代的强音，知识分子愿意接受王弼那样的解释，老百姓当然会喜欢《老子想尔注》的说法。其实换个角度看问题，《老子想尔注》对"天地不仁"的注解也不是没有道理，天地和圣人为什么一定要不仁呢？为什么不可以奖励好人好事、打击坏人坏事呢？

按照《老子》的思路，这是不可以的。——这么说好像是在挑战我们每个人的道德感，但是，其中的道理《老子》是在第二章里详细讲到的，只不过这一章长久以来都被人们误解了。

6

天下皆知美之为美，斯恶已；皆知善之为善，斯不善已。

故有无相生，难易相成，长短相形，高下相倾，音声相和，前后相随。

是以圣人处无为之事，行不言之教；万物作而弗始，生而弗

有，为而弗恃，功成而弗居。夫唯弗居，是以不去。(《老子》通行本第二章)

这一章的文字，王弼本、河上公本、傅奕本、帛书本各有一些小小的不同，有些对意思影响不大，比如"长短相形"和"长短相较"；有些出于避讳，比如"高下相倾"本来应是"高下相盈"，避汉惠帝刘盈的讳才改为"倾"；但也有对理解文意影响很大的地方，比如"是以圣人处无为之事……"，用"是以"开头，显然和上文有衔接关系，而这个关系在文意上却找不到，所以陈鼓应先生怀疑这是错简，高亨先生则怀疑"是以"二字是后人加上去的。因为《老子》原书本来并不分章，后人强行给分了章，有文意并不相连而给合并为一章的，就添上"是以"或者"故"之类的字眼，硬把文意连上。

这一章，我们先看陈鼓应先生的翻译：

> 天下都知道美之所以为美，丑的观念也就产生了；都知道善之所以为善，恶的观念也就产生了。
>
> 有和无互相生成，难和易互相完成，长和短互相形成，高和下互相包含，音和声互相调和，前和后互相随顺，这是永远如此的。
>
> 所以有道的人以"无为"的态度来处理世事，实行"不言"的教导；让万物兴起而不加倡导；生养万物而不据为己有；作育万物而不自恃己能；功业成就而不自我夸耀。正因为他不自我夸耀，所以他的功绩不会泯没。

这是最主流的解释，乍看上去，其逻辑关系似乎是这样的：事物的发展变化总是遵循着矛盾统一的规律，有了美，自然就有了丑；有了善，自然就有了恶；所以有了统治者的"无为"，天下事自然就"有为"；统治者实行不言之教，老百姓也自然就被教育了，等等。

这好像和《老子》那句名言"祸兮，福之所倚；福兮，祸之所伏"（通行本第五十八章）如出一辙，但逻辑确实有点古怪。如果有人要参加一个重要考试，你用这个道理劝他备考，说只有不好好考才能考好，不知道人家会不会听。但这个道理在一个更大的层面上确实成立：如果是按考试名次录取的话，只有你不好好考，别人才更容易考好。

这段话如果深究起来，含义可以非常深刻。Tateno Masami 说，从认知论层面上讲，《老子》哲学体系中最基础的世界观就是所谓的相对主义（relativism）。美与丑、善与恶都是相对的概念，绝对的美或丑、善或恶并不存在。因为人类的理解力总是摆脱不了相对主义的框架，于是乎人类也就无法认识绝对真理（the absolute truth）。

于是《老子》通行本第七十一章被顺理成章地援引进来："知不知，尚矣；不知知，病也。圣人不病，以其病病；夫唯病病，是以不病。"和一般的理解不同的是，Tateno Masami 把"不知知"的最后一个"知"当作"knowing"，而不是"所知"，这就上升到认知论的高度了，[1] 于是这一章的意思就是：知道自己不知道，最好；不知道何

---

1 陈鼓应先生的翻译是："知道自己有所不知道，最好；不知道却自以为知道，这是缺点。有道的人没有缺点，因为他把缺点当作缺点。正因为他把缺点当作缺点，所以他是没有缺点的。"（《老子注译及评介》）李零先生的理解是："知道自己不知道什么，最好；不知道自己知道什么，是大毛病。圣人不犯这种毛病，是因为他把毛病当作毛病，所以不犯这种毛病。"（《人往低处走》）这基本都是在"知之为知之，不知为不知"这个层面上来理解的。

谓"知道"，是一种毛病。圣人能够认识到这种毛病，也就不会受它的困扰。

Tateno Masami 的这种理解的确在字面上更加贴合原文，进而引发的推论是："换一种方式来说，我们必须知道我们永远不可能认识到绝对与普世的真理。意识不到知识的局限性是不好的，只有清醒地认识到知识的局限性，圣人才不会受到这种局限性的困扰。概括来说，如果我们单单仰赖于理性思维，我们的直觉力与感受力就会永远被局限在由空间与时间、主体与客体的相对主义框架所产生的知识类型的范围之内。于是我们将永远无法触及更高层面的知识，在这样的知识里，人们将会直接接触'真实的世界'（the true world）并与它联系在一起。"（*A Philosophical Analysis of the Laozi from an Ontological Perspective*）

依照 Tateno Masami 的阐释，《老子》几乎可以作为康德哲学的先声了，也确实可以给人很多启发。但是，"天下皆知美之为美，斯恶已"云云，是否真的是在描述认知论上的相对主义，这还并不那么容易确定。况且深究起来的话，相对主义本身还有一个先天缺陷——Robert E. Allinson 在一部研究《庄子》的著作里颇为吊诡地指出：我们甚至无法以通畅的语言来陈述相对主义理论，除非我们所用的词语都含有比较确切的意思。也就是说，除非语言本身在某种程度上并不是相对主义的，相对主义的理论才可以得到发展。相对主义是一种自我否定的东西，就像斯宾诺莎讲的，彻底的怀疑论者必须彻底地保持沉默。（*Chuang-tzu for Spiritual Transformation: An Analysis of the Inner Chapters*)

"谁的话都不要信！"这句话就是日常生活中很常见的例证，它带来的难题是：这句话本身要不要信？许多《老子》的读者认为"道可道，非常道"意味着"道"不可说，一说便错，而同样的难题是："道可道，非常道"这句话本身是不是错的？

至此，我们还是回顾一下陈鼓应先生的译文好了。仔细看看，陈先生的解释似乎有个问题，尤其是第一段：它是填充进了注释者的想象才圆上了这个意思。也就是说，仅仅从原文字面上是得不出这个解释的。

仅从字面理解，让训诂和语法都站得住脚，第一段的意思就应该是这样的：天下都知道美之所以为美，就丑了；都知道善之所以为善，就恶了。或者这样说：天下都知道美之所以为美，就是丑；都知道善之所以为善，就是恶。

《淮南子·道应》有一则类似于前文讲过的《庄子·知北游》的故事，太清四处向人问道，无始最后回答他说："道是听不到声音的，看不见形状的，不可言传的，否则就不是道。谁知道创造万物的形体的道自己却是没有形体的呢？"小故事结束，抬出了《老子》的两则大道理，一个是"天下皆知善之为善，斯不善已"，一个是"知者不言，言者不知"。

王安石《字说》说羊大为美，但羊在长大之后就该被人宰来吃了，这正是《老子》所谓"天下皆知美之为美，斯恶已"。

这两个例子都是钱锺书先生引过的，钱先生说，《淮南子》解得浮泛，《字说》解得附会，但都没有把《老子》这句话解释作"知道了美就知道也有恶，知道了善也就知道了不善"，而是解作"知即是不知，知道美这件事本身就已是恶，知道善这件事本身就已是不善"。这实在不像正常人的逻辑，但钱先生说，无论中国还是外国，神秘主义者的见地和误区大略都在这两句话里。又引用圣马丁的话说：神秘主义者彼此都是老乡，操着同一种方言。[1]

所以《老子》这段话最要紧的意思，是说"知美，'斯'即是恶；知善，'斯'即非善"。那么正确的做法应该是什么呢，就是破除这种对立与区别之见，不知美，不知善，也就自然没有了恶与不善，大而化之。[2]（《管锥编》）

办法在《老子》后文都找得到，比如"常使民无知无欲"（通行本第三章），无知无欲自然就无美无恶；"俗人昭昭，我独昏昏；俗人察察，我独闷闷"（第二十章），昏昏闷闷了也就无所谓善与不善了。钱先生既然说古今中外的神秘主义者都是这副论调，接下来就举了不少例子，我只提一个比较著名的，就是僧璨的《信心铭》："至道无他，唯嫌拣择；但莫憎爱，洞然明白"，这简直可以说是《老子》第二章的佛教版，让人无挑无拣、无憎无爱，心中浑然一片，由是通于大道。

---

1 西方对神秘主义的跨文化研究开始于威廉·詹姆斯（William James）在1902年出版的 *Varieties of Religious Experience*，其中把神秘主义体验分为五类——1. ineffable；2. noetic；3. transient；4. passive；5. transformational，很适合拿来对照一下《老子》。
2《淮南子·齐俗》还有一段解释"高下之相倾，短修之相形"的，说远古时代，人们都很淳朴，等到礼义一产生，财货一贵重，就开始出现欺诈和虚伪了。非议和赞美纠缠不清，怨恨与感激结伴而行，于是既有了曾参那样的大孝子，也有了盗跖那样的大土匪。有了富豪就有了小偷，有人穿华美的衣服，就有人破衣烂衫。

钱先生的解释，本来已经可以在《老子》通行本里得到内证的支持，在语法和训诂上也最能站得住脚，现在更得到了楚简本的支持。楚简本这里说的是："天下皆知美之为美，恶已；皆知善，此其不善矣。"

接下来的一段应当是发挥这两句话的："有无之相生也，难易之相成也，长短之相形也，高下之相盈也，音声之相和也，先后之相随也。"对立的东西总是互相伴随出现的，所以当你觉得某某是个大美女的时候，同时就意味着其他女生里边还有不好看的，当你标举了一件善事的时候，同时就意味着这世上还有许多恶事。人有了这些分别心，自然就不淳朴了；社会上有了这种政策，国民们也就不安分了。最好就是浑浑噩噩，无善无恶，择偶的标准只有"异性"这一条，治国的宗旨只有"无为"这一项。所以，《老子》顺理成章地导出下文："是以圣人居无为之事，行不言之教。"（楚简甲本第一组）

无为之治，不标举劳模，也就息了大家的竞争意识，不搞选美，所有女人都能过得舒心；不言之教，既不表扬谁好，也不批评谁坏，大家都是一样的猪，谁也别想做一头特立独行的猪。

这一章里，通行本和楚简本的文字大体不差，如果按照陈鼓应先生的翻译，三段话的意思就贯通不上，尤其是第三段开头有个"是以……"明显是上下文衔接关系，而这个关系在文意上却找不到，所以陈鼓应先生怀疑这是错简，高亨先生则怀疑"是以"二字是后人加上去的。前文讲到过这个问题，现在该算解答清楚了。"是以……"在楚简本也有，显然不是后人加上的，而三段文字的关系是先有立意，再有发挥和解释，最后是引向一个施政方略，文义贯通无碍。

但是，文义贯通了，道理是不是也能贯通，这就是另外的问题了。

7

道理确实很让人费解，首先是在哲学上，其次是在日常生活中。

从哲学上看，事物之间存不存在对立，这是一个古老的争议问题。古希腊哲学家巴门尼德会这样反驳老子：对立的事物是不存在的，比如冷和热，看似是一组对立的概念，其实仔细分析下来，冷只不过是热的缺失罢了。

这种观点后来深深影响到基督教神学，因为人们一方面很难接受恶和善一样都是上帝的造物，另一方面又不可能无视世间数不清的恶的存在，而巴门尼德式的逻辑恰恰可以调和这个矛盾：恶是不存在的，我们所谓的恶，其实只是善的缺失。

不得不承认这个理论很有说服力，但如果我们拿出一枚硬币，巴门尼德会不会说硬币是没有正反面之分的，所谓反面，其实只是正面的缺失？

从日常生活中看，分别美丑善恶之心哪就那么容易熄灭！屋子里到底是摆一盆花还是摆一盆屎，如果这是别人家的事情，我当然也可以抱一种仙风道骨的超然姿态，但如果换到自己家里，我才不管什么高深玄理呢，怎么选择是不用问的。

《老子》要人们返璞归真，而再璞、再真的人也懂得分辨美丑善恶，这才是一个"人性"的问题。现在讲历史一谈人性，基本就是权谋的同义词了，殊不知要得出那种具体到一人一事的结论，前提必须是史料给出的条件既全且真。而这个前提基本是不可能的，所以结论也就只能当故事听了。《老子》现在遇到的问题，才确确实实是一个人性的问题，尽管这很平淡无趣，一点都满足不了一些读者对权谋的欣赏型、会心型或是实用型的偏好。

仅以美和丑来说吧，它们首先就不是艺术层面的问题，而是生物层面的问题。朱光潜先生总结自然美和自然丑的含义，说到两大特征：第一，美是使人发生快感的，丑是使人发生不快感的，这要看外物刺激我们的感官时，是否适合我们的生理构造；第二，美是事物的常态，丑是事物的变态，通常人们说一件事物丑，其实不过是因为它稀奇古怪。（《文艺心理学》）

所以对《老子》这一章或许应该先打个折再来理解——天地确实是把鲜花和大便等量齐观的，对鲜花并不特别照顾，对大便也并不特别讨厌，鲜花甚至也可以插在牛粪上，这就看各自的造化了；圣人效法天地之道（这是《老子》一贯的思维方式），所以也用同样的方式治理百姓。

一个国家怎么才算治理得好呢？有很多的好人好事，有很少的坏人坏事，这至少要算一个很重要的指标。但是，好和坏是一组成对出现的概念，有好就必然有坏，就像有上坡就必然有下坡一样，在《老子》看来，它们都是一体的两面，或者说是一根棍子的两端。如果统治者标榜美善，那么丑恶就会如影随形，也会增加百姓们的分别心，反而不如效法天地之不仁，无好无恶，不标榜美善，也就无所谓丑恶，人心也会归于淳朴。

听上去很在理，也很高深，但仔细想想，又好像和现实世界不大合拍，真要操作起来肯定也会遇到难题。比如有人在大街上杀人放火，"圣人"到底管不管呢？如果把他抓起来，判他的刑，这无疑就是向社会发出了一个信号：这是一个大坏蛋，谁都不要学他！

这样一来，不但又产生了对立的二元观念，更有违"圣人不仁，以百姓为刍狗"的大道（当然圣人也可以任由受到伤害的百姓对凶犯动用私刑，只要他们够强的话），而且还会引发一个逻辑问题：如果可以说"天下皆知美之为美，斯恶已"，是不是也可以反过来说"天下皆知恶之为恶，斯美已"呢？再反过来套用钱锺书先生的解释："知恶，'斯'即是善；知非善，'斯'即善"，意思也完全反过来了。

再换一个角度来想，贫穷和富裕也是一组成对的概念，但我们看看排在世界首位的富国，国民普遍富裕，社会福利极高，那么贫穷有没有伴随而来呢？这只能在外国去找，或者在历史上去找了。

所以《老子》这里的逻辑问题是，在概念上伴随出现的，并不等于在生活中也会伴随出现。至于表彰好人好事，打击坏人坏事，不让见义勇为的英雄既流血又流泪，我想这应该还是大多数人的朴素愿望。道理虽然并不高深，却未必就是错的。

这或许就像前文讲过的那个儿说白马出关的故事，有些玄妙的道理可以在论辩中折服无数的高知，却禁不起现实的小小一撞。

在一些道家后学的眼里，这个道理不但并不玄妙，反而对现实世界有着很强的指导意义。《庄子》多次讲过这个意思，比如在《庄子·徐无鬼》里，许由对齧缺说自己将要避开尧到别处去，理由是：尧孜孜于仁，会给后世造成人相食的惨剧。因为仁义必将产生虚伪，也必将成为贪求的工具，尧目光短浅，只看到它有利于天下的一面，却没看到它戕害天下的另一面。

从许由的角度来看，"仁"并不是一切大好，而是一个利与弊纠结着的矛盾体，我们不能以片面的眼光来看待它。用一句近现代的流行语来做类比，就是"科学是一把双刃剑"。但问题是，是否任何东西都是所谓的双刃剑，或者双刃剑的此刃与彼刃是否永远处于可以等量齐观的地位？后一个问题对人而言其实是一个选择的问题，两利相权取其重，两害相权取其轻。

那么，在上述《庄子·徐无鬼》的故事里，尧如果对仁有害的一面全然不觉也就罢了，如果有所察觉的话，他和许由所共同面临的其实是这样一个问题：倒脏水的时候要不要把小孩子一起倒掉？

如果把脏水和小孩子视为一组对立的概念，那么道家的解决方案应该是：把脏水和小孩子一起倒掉。《庄子·大宗师》有一段极著名的话："泉涸，鱼相与处于陆，相呴以湿，相濡以沫，不如相忘于江湖。与其誉尧而非桀，不如两忘而化其道。"《庄子·外物》也说："与其誉尧而非桀，不如两忘而闭其所非誉。"达到这个"两忘"的境界，问题也许就自然消失了。

当然，《老子》的"有无相生"云云总会吸引更多的人往玄妙的一面去想。John Koller 很得神秘主义旨趣地这样理解《老子》：放弃欲望，让"道"进入并充满自我，生命将会超越善与恶的对立之上。所有的活动都来自于"道"，自我将与世界融为一体。这就是老子给人们生活中的罪恶与忧愁提供的解决方案。（*Oriental Philosophies*）

超越善恶确实是一种不可思议的境界，大约也只能依靠不可思议的方法来获得了。我实在想象不出，如果看到1937年的南京，应该如何去超越善恶。而事情的另一面是，这种超越需要个人与"道"的合一，这应该是我们最熟悉不过的观念。但齐思敏（Mark Csikszentmihalyi）特意统计过《老子》里边"道"和人的关系，发现"道"可以被"从"（通行本第二十一章），可以被"执"（第十四章），可以被"有"（第二十四章），但从来没有被"合一"，也不存在神人同性论的意味。（*Mysticism and Apophatic Discourse in the Laozi*）

消弭事物之间的分别，正是钱锺书先生所谓神秘主义者的惯技。在中国的本土典籍里，《庄子》就是这方面最强的。人世间的一点是非，如果"站在一个更高的角度来看"，确实也无所谓对错，无所谓善恶，就好像在茫茫宇宙里看两个细菌的争斗。但我相信，如果是我们自己遭遇了不公，谁也不会希望我们去求助的政府机构会站在这么高的高度上看待我们的遭遇吧？——如果真这么倒霉，我们也就只好自己去仰望苍穹，自己去站到那个高度来看待自己的不幸吧，这也正是心灵鸡汤发挥作用的地方。

钱锺书先生说，如果要去合乎天地的"不仁"之"德"，强横的人一定会残酷暴虐而无悲悯的心肠，柔弱的人一定会阿谀圆滑而无羞耻之心。黄老的道德入世之后变为韩非的刑名苛察，难道都要怪后学末流变本忘源吗？恐怕从根子上就有问题了。《史记》说韩非之学极致处惨烈苛刻，这也是根源于"道德"之意的。[1]

"天地不仁，以万物为刍狗"，这是自然规律，当然不错，但是，"圣人不仁，以百姓为刍狗"，这个类比合乎逻辑吗？这是《老子》很典型的推理方式，从自然现象总结自然规律，再以人事规律比附自然规律。在中国的传统经典里，《易经》的"十翼"尤其是这样一以贯之的。

这样的类比思维，往科学发展就是仿生学，就是《淮南子·说山》讲的，人类看到木头浮在水上而发明了造船术，看到飞蓬飘扬而发明了车子，看到鸟的足迹而创造了文字，这都是"以类取之"；而往哲学发展，性质就不一样了。

艾兰（Sarah Allan）在分析东西方信仰传统之差异的时候，认为中国的早期思想家们，无论他们是属于哪个学派的，都一样以为自然界和人类世界都遵循着一些共同的法则。于是，通过研究自然便可以认识我们人类自己。正是自然界，而不是宗教的神话，为许多早期中国哲学概念的构成提供了根源性的隐喻。（*The Way of Water and Sprouts of Virtue*）

这种情形在易学史里是最普遍的，源远而流长。Tze-ki Hon研究北宋学者胡瑗的《周易口义》，谈到胡瑗的易学理念给了当时的新兴

---

[1]《管锥编》422页："《史记·韩非传》早曰：'其极惨礉少恩，皆原于道德之意。'"钱先生这里把断句弄错了，容易让人误会。"其极惨礉少恩"后面应该是句号，下一句开头的"皆"不是在说韩非，而是综论前边罗列过的老庄申韩四家。张隆溪先生向西方读者介绍《管锥编》，在这里也就顺着钱先生的断句翻译成了：The biography of Han Fei in *Shiji*〔*Records of the Grand Historian*〕already notes that "all his harsh and merciless ideas originate in the meanings of Dao and De.

官僚知识分子们这样一种鼓舞：自然界的规律同样适用于人类社会，人类有能力构建一种像大自然的秩序一样稳定而持久的社会政治秩序。（*The Yijing and Chinese Politics : Classical Commentary and Literati Activism in the Northern Song Period*，第960—1127页）

这种思维方式早就在语词里表现出来了。艾兰举过这样一个例子：在印欧语系的传统里，对动物和植物的区分相当明确。比如在英语里，并没有一个常用词把动物和植物一起涵盖进去，但中文常用的"万物"就同时包括了动物和植物。不同的分类法造就了不同的思维方式。（*The Way of Water and Sprouts of Virtue*）

所以，《老子》的很多话如果拿到现在作为逻辑题来出，我们都可以判断为类比不当。天道确实超越善恶，但人道不是。其他诸如个人修行要退回婴儿状态，社会治理要退回原始状态……

讲到这里，我想应该遇到质疑了："《老子》的这两章应该参照通行本第十八章来看：'大道废，有仁义；智慧出，有大伪；六亲不和，有孝慈；国家昏乱，有忠臣。'"——这一章难道就不是第二章的佐证吗？标榜美善则意味着丑恶已现，正如标榜仁义则意味着大道已废。还有第四十九章："圣人常无心，以百姓心为心。"这不是分明在说统治者和老百姓一条心吗？

这确实都是问题。

8

　　大道废，有仁义；智慧出，有大伪；六亲不和，有孝慈；
国家昏乱，有忠臣。(《老子》通行本第十八章）

　　这一章，实在是振聋发聩的名言，而且是用一副愤世嫉俗的口吻
讲出来的。虽然悬隔两千年，我们甚至可以想象出作者在写下这句话
时，会是怎样的目光炯炯，怎样的呼吸起伏。

　　它道出了这个世界上最吊诡的一个真相：越是标榜什么，就说明
这个社会越缺少什么。标榜以德治国的时候，恰恰说明了现实最大的
问题是缺德；标榜清官忠臣的时候，恰恰说明这些人才是社会的另类。

　　《文子·精诚》很恰当地阐释过《老子》的这个道理：如果世上
没有灾害，就算圣人也没有施行德政的机会；如果上下和睦，就算贤
人也没有建功立业的机会。我们俗话说的"时势造英雄"，也是这个
道理，我们都崇拜英雄，但很少有人愿意生活在创造英雄的那种"时
势"里。

　　郭店楚简的儒家文献《语丛》谈到儒家的孝悌问题，令人吃惊地
用到了《老子》一样的修辞，说有意为孝就不是孝，有意为悌就不是
悌，孝悌既不可为，也不可不为，为也不对，不为也不对。

怎样才对呢？推想起来，仁义、孝慈，它们本该像空气一样，我们生活在其中，却常常忘记它们的重要，甚至根本忘记了它们的存在。正如《管子·心术》说的"大道可安而不可说"，如果你看到一个国家里的老百姓总是说统治者这也做得好、那也做得好，总在热泪盈眶地感激统治者的恩惠，道家肯定会对这样的统治者不以为然。

那么，这些内容，与第二章的美丑善恶之辨，难道不是相通的吗？

并不是的，《老子》这一章相当可疑：分明说出"六亲不和，有孝慈"，可下一章就说"绝仁弃义，民复孝慈"，显然把"孝慈"当作了追求的目标。如此的自相矛盾并不是因为《老子》有多么玄奥深刻。现在我们终于知道了《老子》这一章更原始的面貌如何，还可以推测出它是如何演变成现在这个样子的。

楚简丙本第一组的开篇，内容大略相当于通行本的第十七、十八两章：

> 太上下知有之，其次亲誉之，其次畏之，其次侮之。信不足，安有不信？犹乎其贵言也。成事述功，而百姓曰我自然也。故大道废，安有仁义？六亲不和，安有孝慈？邦家昏乱，安有正臣？

"大道废"之前有一个"故"，说明这是承接上文说的。通行本删掉了这个"故"，把前后的文字断成了两章。楚简本相当于通行本第十八章的内容是："大道废，安有仁义？六亲不和，安有孝慈？邦家昏乱，安有正臣？"

"安"可以做两种解释，一是做"何"解，这一来全句的意思就完全反过来了；二是作"乃"解，句意便和通行本大致一样。两种理解，在语法上都说得通，这也是引起学者们争议的地方。

郭沂先生做出了进一步的解释："仁义""孝慈""正臣"，这三个词处在相同的位置上，"仁义"和"孝慈"是儒家倡导的，它们是否也被老子认同，学者们心存疑虑，所以不妨先搁置下来。但是，"正臣"却是个中立概念，任何一个学派也不会否定它。既然老子肯定"正臣"，必然也一样肯定相同句式中的"仁义"和"孝慈"。

通行本和马王堆帛书本里还有"智慧出，有大伪"，既然把"大伪"和"仁义""孝慈""正臣"并列，毫无疑问地表明了作者的否定态度，但是，楚简本里却根本没有"智慧出，有大伪"，显然这是后人加上去的。不但加了这一句，还把几个"安"字全给删了，把文义做了一次逆转。

据郭沂先生推断，帛书本粗陋抵牾，足以让研读《老子》的人深感不安，于是王弼本干脆把"安"字统统删掉，将"仁义""大伪""孝慈"等一律打倒。这样做可以一箭双雕：一来消解了帛书本的矛盾，二来也对儒家放了一支冷箭。从这点看，这改动一定是道家后学为了反儒而做的。但是，"大伪"和儒家倡导的"仁义""孝慈"固然可以弃之而后快，但如果连同"正臣"（帛书本作"贞臣"）一起抛掉，岂不有害天理！所以不得不偷梁换柱，以"忠臣"代之，反正"忠"字也是儒家的重要范畴。（《郭店竹简与先秦学术思想》）

我自己也倾向于把"安"理解为"何"，例证是《庄子·马蹄》

的一段语法结构完全相同的话："故纯朴不残，孰为牺尊；白玉不毁，孰为珪璋；道德不废，安取仁义；性情不离，安用礼乐；五色不乱，孰为文采；五声不乱，孰应六律。"

由此而推测，《老子》原本对仁义、孝慈之类的概念反而持有肯定的态度，希望大道永存而仁义在，六亲和睦而孝慈在，邦家清明而正臣在。值得辨析的是，即便是道家后学提出反对的口号，反对的也应该是对仁义、孝慈等正面概念的"标榜"，而不是反对这些概念本身。否则的话，横扫一切真善美，基本就等于反人类了。正如王弼在《老子微旨例略》里归结的那样：否定强悍并不意味着人们希望自己弱小，而是因为行事强悍的人反而会失掉他的强大；抛弃仁义也不意味着人们不喜欢仁义，而是因为追求仁义反而会带来诈伪。

9

圣人常无心，以百姓心为心。

善者，吾善之；不善者，吾亦善之；德善。

信者，吾信之；不信者，吾亦信之；德信。

圣人在天下，歙歙焉。为天下浑其心，百姓皆注其耳目，圣人皆孩之。（《老子》通行本第四十九章）

这一章，抛开校读上的小小争议，确实很难和前文"天地不仁"

云云联系到一起。

圣人"无心"，似乎和"不仁"是一个意思，但他在这一章里不但没有"以百姓为刍狗"，反而"以百姓心为心"。如果联系起来讲，圣人既然"以百姓为刍狗"，又"以百姓心为心"，那就是以刍狗心为心了？圣人和刍狗一条心，这该怎么理解呢？

这个问题让我非常困惑，于是去翻查资料，楚简本里没有这一章，也没见有人谈到过这个问题。

如果单独理解这一章，似乎倒没有多大的困难。这里仍然先用陈鼓应先生的翻译：

有道的人没有私心，以百姓的心为心。

善良的人，我善待他；不善良的人，我也善待他；这样可使人人向善。

守信的人，我信任他；不守信的人，我也信任他；这样可使人人守信。

有道的人在位，收敛自己的意欲，使人心思化归于浑朴，百姓都专注他们自己的耳目，有道的人使他们都回复到婴儿般（真纯）的状态。

陈先生做过阐释，说理想的统治者不以主观去厘定是非好恶的标准——这应该可以说明"圣人常无心，以百姓心为心"，但他转而又说：理想的统治者以善心对待任何人（无论善人还是恶人），以诚心对待一切人（无论守信的人还是很没信用的人）。

这实在太增加困惑了，统治者既然消除了主观好恶，又怎么会以善心和诚心对待所有人，并且使人人向善、人人守信呢？这说明圣人不但有自己的主观好恶，还以自己的主观好恶为社会的道德标杆。既然圣人"常无心"，为什么永远都保持着善心和诚心呢？如果圣人以百姓的心为心，可百姓的心怎么可能到达这种道德高度？

还举那个杀人放火的例子，如果有人杀人放火了，按照人之常情，老百姓肯定想除之而后快，那么圣人和百姓一条心，自然也会这么想，可是，"善良的人，我善待他；不善良的人，我也善待他"，这可怎么讲呢？再说，圣人存了"善待"之心，岂不是"斯不善已"，又怎么"以百姓为刍狗"呢？

所以说，《老子》这一章，本身已经难于自圆其说，和"天地不仁"那一章也有矛盾。这两章都不见于楚简本，出现这种情况，如果不是我自己受限于理解能力的话，或许这两章是道家的两位后学分别写入的，他们对圣人的治国之道各有各的理解。

10

"天地不仁"这个道理，被汉朝人做过好一番的阐发，不厌其烦地为我们解释了天地"为什么"不仁。

在解释这个"为什么"之前，有必要先讲一点初中物理的小常识：共振。

弦乐器怎么调音，最常见的方法就是用共振原理，而这种方法至少已经有两千多年的历史了。《淮南子·览冥》说到调弦，"叩宫宫应，弹角角动"，弹一下这根宫音的弦，另一根宫音的弦也跟着颤动；弹一下这根角音的弦，另一根角音的弦也跟着颤动，这就叫作"同声相和"。

这种现象难道只在声音里才有吗？——我们现在说起共振，确实只对音波而言，但古人以为这种现象非常非常普遍，比如阳燧和阴燧。

我们都知道阳燧是什么，就是金属的凹面镜，可以汇聚太阳光来生火，但我们恐怕很难想象这世上还有一种和阳燧相反的东西：阴燧。

阴燧也叫方诸，是一种大蚌，先把它摩擦生热，月圆的时候就用它来汇聚月光，但月光不能生火，生的自然是火的反面：水。用铜盘放在阴燧底下，可以接下好几滴月光之水。

这就是古人阴阳观念的一个体现，凡事有一阴必有一阳，太阳是至阳，月亮是至阴，有阳燧自然也会有阴燧；火为阳，水为阴，所以阳燧能够取火，阴燧自然可以取水。中医理论最核心的内容就是这个"阴阳"。

举个中医的例子，《黄帝内经·素问》发现中国的地势西北高、东南低——这个观察本身并不错，现在我们的初中地理课本也这么讲，但在《素问》看来，地势的西高东低也就给天地分出了阴阳：地势以西北为高，所以西北方向的天就不足，是为阴，对应在人的身上，人的右耳不如左耳灵，右眼不如左眼明；地势以东南为低，所以东南为阳，对应在人的身上，人的左侧的手足就不如右侧的强。

黄帝有点困惑："为什么会这样呢？"

岐伯解释说："东方为阳，所谓阳，精就往上走，结果就是上明而下虚，而人的耳目在上，手足在下，所以耳目灵光而手足不灵便；西方属阴，所谓阴，精会向下聚，结果就是下盛而上虚，所以人的耳目不便而手足好使。如果这两种人都受到了邪气侵犯，表现在身体的上部就会右边比左边严重，表现在身体的下部则相反。"

给人看病，这套道理先要搞懂。察看患者的气色，给患者号脉，首先要做的事就是"别阴阳"。先把阴阳分辨清楚，再谈其他。最后落实到治疗方法上，是所谓"阳病治阴，阴病治阳"。不过这样看来，《黄帝内经》如果拿到其他国家，千万不能胶柱鼓瑟地应用，因为地势若不同，阴阳方位就跟着变了。

阴阳的道理无处不在，有些可以解释出来，比如岐伯就给黄帝解释清楚了，也有一些解释不出来，比如《淮南子·览冥》说蚕吐丝的时候，乐器上的商弦就容易断。这是为什么呢？有人推测说蚕在刚刚吐丝的时候，丝还比较脆弱，而商音也是清冷悲切的，这就是同类相感的道理。

同类相感，人们解释不清的事情很多，下面这个例子，有兴趣的读者不妨一试：找一个充满月光的晚上，用芦苇灰在窗外的月光底下画一个缺边的圆圈，然后抬头看天，一定会发现月晕也缺了一边。至于为什么会这样，古人觉得无法解释，所以《淮南子·览冥》说，这些事情就连智者和能言善辩的人也说不明白。

不明白也没关系，只要知道了这个原理，照着去做也就是了，毕竟天地间那么多的奥妙不是仅靠人类的这点小小智慧就能够搞明白的，更不是靠小小的辩才就能说清的。

为什么这么说呢？比如说，我们看到火能烧焦木头，就用它来熔化金属，这是行得通的，但如果看到磁石可以吸铁，就拿它来吸瓦，这就行不通了。事物的性能本来就很难搞清，我们知道阳燧可以取火，知道磁石可以吸铁，知道葵花向太阳，但我们只知其然而不知其所以然，无论我们有多聪明。

所以说，只凭耳目的观察，根本分辨不清事物的原理；仅靠心中的想法，也不足以论定是非。靠聪明来治国，是保不住国家的，只有顺应阴阳变化之理和自然感应的规律，才可以拥有天下。[1]（《淮南子·览冥》）

《淮南子·览冥》接下来提出了一个和"天地不仁"类似的说法：道，是无私的，既不会特别亲近谁，也不会刻意疏远谁，而顺应它的人就会得利，违背它的人就会遭殃。——这倒给了我们理解"天地不仁"和道家的反智主义一个新的视角。为什么反智，因为智力不足以认识事物根本的特性和规律，倒不如放弃这种努力，顺应着我们弄不明白的那个规律去做事；为什么圣人要以百姓为刍狗，因为这是顺应天道，而顺应了天道，就会天人相感，天地不仁而万物生长繁衍，圣人不仁而百姓生长繁衍，这样不是很好吗？

我们知道，汉武帝"罢黜百家，独尊儒术"，董仲舒那套儒术大受阴阳家的影响，爱讲天人感应。而《淮南子》的作者从《老子》里边竟然也能推出同样的结论，可见学术发展之一斑。

---

1 《庄子·天运》有过一个较为模糊的表述，当是《淮南子·览冥》这一节之所本：天在运转吗？地在定处吗？日月在循环升落吗？谁在主宰着，谁在维系着，谁在推动着？有机关发动它们吗？它们是自行运转的吗？云是为了降雨吗？雨是为了云层吗？是谁兴云降雨？是谁嘘吸为风？巫咸祒说："我来告诉你，天有六极五常，帝王顺之则治，逆之则凶。上皇之治顺应自然之理。"

王充也有对《老子》的发挥，说天道无为，所以任凭鱼儿在水中游，野兽在山上跑，各由它们的本性，而不会把鱼儿驱上山陵，把野兽赶下深渊。老百姓其实也像鱼儿和野兽一样，所以上德之人治理百姓，就像天道听任鱼儿和野兽的生活一样，真的是"若烹小鲜"而已。所以说最适宜的政治是这样的：君臣相忘于治，鱼儿相忘于水，野兽相忘于林，人相忘于世，这才是天地自然之道呀。(《论衡·自然》)

王充这番话看上去很得《老子》真谛，而且讲得温柔婉转，让人很是爱听，只是他没有联系到一件很重要的事：大自然确实会把鱼儿驱上山陵，也会把野兽赶下深渊，还会变化出各种恶劣的环境，夺取无数生物的性命。王充看到的天地万物，看来和达尔文看到的很不一样。

第九章

《老子》的思维方式

1

有一位商容先生，不知道是何许人，得了病，老子去看望他。

老子问道："您有什么遗教可以告诉弟子我吗？"

商容说："我要告诉你的是，经过故乡的时候要下车，你知道是为什么吗？"

老子说："是不忘本的意思吧？"

商容又说："经过大树的时候要快步走，你知道是为什么吗？"

老子说："是敬老的意思吧？"

商容张开了嘴，问道："你看看，我的舌头还在吗？"

老子说："还在。"

商容又问："我的牙齿还在吗？"

老子说："您的牙齿都掉光了。"

商容又问："你懂了吗？"

老子答道："您的意思是不是说，刚强者死亡而柔弱者存活？"

商容叹道："嘻！天下事都在这里了。"

这个小故事出自《太平御览》，不过它有许多衍生版本，流传很广，故事的框架可谓尽人皆知了。在《孔子家语》等古籍里，老子的角色时而变成孔子，时而变成子思（孔子的孙子），但从故事的含义来看，还是算在道家头上比较合适，它所阐释的也确实就是《老子》一贯"贵柔"的主张。

不过，这个故事貌似精辟，却禁不起细想。一来，牙齿为什么会掉，那是牙龈的问题，而只有牙齿本身断掉了才适合说明"刚强者死亡"的道理，可偏偏这种事很少发生；二来，即便牙齿都是断掉的，但人死肉先腐，身体当中和牙齿一样质地坚硬的骨骼却还是好好的，这种现象又该怎么解释呢？

换个思路，如果以生命体和非生命体来比较，是金属和石头更耐久呢，还是草木更耐久呢？——我这么讲，一定有人会说我无理狡辩，但其实这正是道家"修炼"时的逻辑，不但在道教信徒中盛行一时，甚至曾经波及整个社会。

首先，有机物和无机物的界限在古人那里并不那么鲜明。中国佛教关于佛性问题旷日持久的争议，就是一个相当著名的例子，山河大地、黄花翠竹，乃至石头瓦片，都可能具有佛性。在道家这一边，五代年间，黄老一系的学者谭峭，也就是道教当中的紫霄真人，在《化书·道化》里做过理论总结，说老枫化为羽人，朽麦化为蝴蝶，这是无情之物化为有情之物的例子；贤女化为贞石，山蚯化为百合，这是有情之物化为无情之物的例子，所以说"土木金石皆有情"，万物都是一物。

转而看看世上万物，很容易发现金属和石头在性状上是非常稳定的，这很让人羡慕。如果吃腰子可以补肾，喝虎鞭酒可以壮阳，吃黄金和石头是不是就可以长生呢？

今天的人自然斥之为荒谬，而在古代社会，这实在不失为一个伟大的想法，既基于观察，又合乎逻辑。《周易参同契》说"金性不败朽，故为万物宝"，于是建议人们吃金子。魏晋的人们则风行着一种没那么多铜臭气的药方，这就是著名的五石散。

五石散的源头可以追溯到名医张仲景，到了曹魏时期，何晏把张仲景的方子做了一些修改，这才完成了著名的"五石更生散"。这里边的矿物质有：紫石英、白石英、赤石脂、钟乳和石硫黄，再配以人参、桔梗、干姜等，能治男人的五劳七伤。何晏服食五石散，疗效如神，引起人们的竞相效仿。据何晏自己说，服食五石散不但可以治病，而且格外觉得神清气爽。

五石散怎么配、怎么吃、有什么注意事项，在《千金翼方》里有很详细的记载，但恐怕现在最大胆的中医保健读物也不敢介绍这类方子了。但就魏晋当时的认识来说，能在这条路上做出探索，并且略有小成，实在很不简单。但是从逻辑一致性上来看，那时候尽管风靡老庄，人们却忘记了老子那个舌头和牙齿的故事，而且《老子》明明还说过"坚强者死之徒，柔弱者生之徒"，服食金石当然算是"死之徒"了。

道家一系自《老子》之后发展下来，黄老学者大概是觉出这种刚柔观念有问题了，所以马王堆帛书《十大经·三禁》提出了"人道刚柔，刚不足以，柔不足恃"，太刚和太柔都不行，刚柔相济才合适。这从《老子》"万物负阴而抱阳"的观点来看，阴和阳二者不可或缺，那么刚和柔也应该同理才对。从这个理论来看何晏的五石散药方，矿物药配合植物药，应该也算得上是刚柔相济吧。

炼丹的问题，直到清代依然是许多有识之士所关注的焦点，刚与柔也仍然在被审慎地讨论着。以词名世的纳兰容若就留下过许多有趣的记载，比如：

（1）张紫阳的炼丹之法是阴、阳、清、净兼用，如果有所偏废，丹药的效果就不会好。不过，如果只用来治病，这样效果的丹药也够用了，起死回生却办不到。

（2）涿州冯相国的长子冯源淮，他懂得追取银魂之法，这是天主教传来的法术。教士远行中国，携带大量银钱会很不方便，所以只摄取银子的魂魄带在身上，所以行囊很轻便，这叫老子藏金法。

（3）还有更神奇的事情：把黄金用特殊的药汁来蒸，蒸出黄金之汗，搜集起来可以治疗火病，药到病除。明朝末年有一名老将军给客人看过这一奇物，样子就像香油，说是在南方打仗的时候，有大将被火铳打伤，命悬一线，结果只涂了两匙的黄金之汗，就立时痊愈了。

（4）铅也可以这样蒸汗，给噎嗝的人服下，马上就可以打通肠胃。濒危之人一定要用这种金石重药才能治疗，如果只是草木之药，才一服下就会呕出。所以地元修炼者说草木经火则灰，经水则烂，不可以用来炼丹，金属则水火不能伤，故而可以养命。

（5）《抱朴子》里记载有服食金银之法，唐代的王涯还曾把金沙倒在井里而饮用井水，后来"甘露之变"受刑身死，皮肤呈现金色。（《渌水亭杂识》）

看来直到清代，刚柔问题仍然没有被梳理清楚。不过"刚柔相济"作为一种政治手段，早已经没人怀疑了。既要有刑，又要有德，二者相辅相成，但这也是到了《黄帝四经》才发挥清楚的。

以上这些故事只是做个引子，接下来就要在《老子》的文本当中分析一些很有代表性的思维方式了。

2

易中天先生说，《老子》的社会理想是回到远古。这么说虽然未必正确（参考前文对"小国寡民"的讨论），但他举的一个例子很有参考价值："贫穷落后才是万恶之源。台湾有个作家讲，二十世纪五六十年代的时候，台湾街头，两个自行车撞了以后要打架，那个时候自行车值钱。现在呢，小轿车撞了，双方走下车来，互相交换一下名片，拜拜！让保险公司和律师去管吧！这是什么？这是文明了，富裕了，进步了……"

这个撞车的例证为什么能说明"贫穷落后才是万恶之源"的结论呢？从心理学讲，这表明易先生是根据"个案历史信息"（case history information）而不是"统计信息"（statistical information）来做推理的，这是一种很常见的思维方式。

不但个案历史信息比统计信息更容易影响人们的判断，教科书还告诉我们，当人们既掌握了统计信息，又面对着生动鲜活的个案历史信息的时候，即便后者的内容与前者相反，人们也往往会依据后者做出判断。彩票就是一个很典型的例子，即便从统计信息上看，小概率事件完全可以忽略不计，但人们还是容易被那些中大奖的个案历史信息激动得意乱神迷。

撞车的例子之所以被用来佐证"贫穷落后才是万恶之源"，只因为它是一个生动鲜活的个案，容易给人留下深刻的印象。但它拥有的只是感染力，而不是说服力。我们也可以很轻松地找出同样鲜活生动的例证，来证明贫穷落后不是万恶之源，或者金钱才是万恶之源，尽管再强大的个案也不足以证明任何一个普适性的结论。

我之所以说撞车这个例子很有参考价值，是因为《老子》在论证的时候也常有这种思维方式，比如我们看下面这章：

天下莫柔弱于水，而攻坚强者莫之能胜，以其无以易之。

弱之胜强，柔之胜刚，天下莫不知，莫能行。

是以圣人云："受国之诟，是谓社稷主；受国不祥，是为天下王。"正言若反。（《老子》通行本第七十八章）

世间没有比水更柔弱的，冲击坚强的东西没有能胜过它，因为没有什么能代替它。

弱胜过强，柔胜过刚，天下没有人不知道，但是没有人能实行。

因此有道的人说："承担全国的屈辱，才配称国家的君主；承担全国的祸难，才配做天下的君王。"正面的话好像反话一样。（陈鼓应《老子注译及评介》）

《老子》哲学惯于以柔克刚，所以水、牝（雌性）都是褒义的，很值得效法的。[1]

我们都知道水滴石穿的道理，如果亲眼看见屋檐上一滴滴的水珠长年累月之下竟然滴穿了地上坚硬的石头，那种震撼的感觉一定不轻。但是，这能用来说明"弱之胜强，柔之胜刚"的道理吗？

生动鲜活的个案历史信息不但影响着我们的判断，也影响着《老子》作者的判断。要举出反例是轻而易举的：我们既有"水滴石穿"这个成语，同样也有"以卵击石"这个成语；谁都知道水滴石穿，谁也一样都知道鸡蛋不能碰石头。

问题出在哪里呢？很简单，所谓"弱之胜强，柔之胜刚"，只是一个假象。

"以卵击石"也可以成功吗？当然可以，不过，除非按照"水滴石穿"的方式，鸡蛋才能战胜石头。也就是说，我们可以拿一千万只鸡蛋去砸碎一块石头。或者换一个例子，一万只小狗可以打败一只狮子。

是的，在水、鸡蛋、小狗慢慢积累数量或者积累时间的过程里，强弱之势已经悄然逆转了。或者试想一下，在与水滴石穿同样的时间段里，用锤子来砸石头是不是能砸得更穿？这就是《淮南子·说山》讲的：如果只割一下就住手，就算莫邪的宝剑也割不下一块肉；只要持之以恒，马尾巴也可以锯断玉石。

水，之所以能胜强、能胜刚，前提必须是有足够大的量——要

---

1 水在中国古代得到的重视是超乎寻常的，甚至《管子》专有一篇《水地》，讲水是万物之源，具备一切，连人都是水做成的："人，水也。男女精气合，而水流行。"并不像贾宝玉只把女孩子看成水做的骨肉。

么是空间上的巨量（滔天巨浪可以掀翻海船），要么是时间上的巨量（积十年之功滴穿一块石头）。所以，"弱之胜强，柔之胜刚"只是一个假象，其背后的实质是以数量胜质量。看到这层道理，就会知道这其实不是以柔弱胜刚强，分明是以"更刚强"胜刚强。

所以，为什么"天下没有人不知道，但是没有人能实行"呢，很简单，只是因为积累不起这个量。若想靠着一块石头一锹土的办法把家门口的大山移走，这种事确实算是"弱之胜强，柔之胜刚"，但只有愚公一家人这么做，再没第二家人耗得起。

刘向《新序·杂事二》还讲过这样一个故事：邹忌以琴艺议论治国之理，齐宣王非常赏识，任他为相，而以淳于髡为首的许多稷下学者很不服气，决定要为难一下邹忌。面对淳于髡等人一连三次设下的言辞陷阱，邹忌都能迅速地做出正确回答，使对手只好悻悻而退。刘向议论这件事说：人们之所以珍视干将莫邪，是因其可以削铁立断；之所以珍视骏马，是因其可以千里立至；如果不在乎旷日持久，那么蚕丝积多了也可以吊起大石，驽马走久了也可以到达远地。所以说聪明敏捷是很重要的，子贡称赞颜回"闻一以知十"，这就是称赞颜回的思维敏捷。

精通辩证法的老子不知道应该如何回答刘向的这个问题，似乎在辩证法上输给了道家后学。《庄子·秋水》谈事物的有用、无用、大用、小用之辩，说常有人讲"为什么不只学正确的而抛弃错误的呢"，这就像只效法天而不效法地，只取法于阴而不取法于阳，实际上是行不通的。

学问到底是越发展就越精细，老子这回还输给了后世的易学家们。

水的性质以及一件东西兼具强弱两性，这都是易学家们喜欢讨论的话题。比如，Tze-ki Hon分析苏轼在《东坡易传》里为什么很喜欢用水来打比方，说这是因为水传达了两个重要的信息。首先，水总是流动不居的，所以是宇宙的一个完美象征；其次，水总是会根据环境来改变自己的形状，它从来不和环境搞成对立的关系，而是使自己成为环境的一部分。所以，水既是强的，也是弱的。说它弱，因为它从来都随环境而改变；说它强，因为无论什么障碍都不会使它停住脚步。（*The Yijing and Chinese Politics*）

不过，也确有一脉道术只法天而不法地，只法阳而不法阴，这便是道教全真派。全真派修炼内丹的理论正是如此，认为天属阳，地属阴，人居天地之间，负阴抱阳，人若能固精守神，涤除全部的阴而达致全部的阳，便可以与天为徒。

在这个问题上，《庄子》与全真派的理论矛盾就不知该如何调和了。

《老子》接下来以"弱之胜强，柔之胜刚"比附了一个治国的道理："承担全国的屈辱，才配称国家的君主；承担全国的祸难，才配做天下的君王"，这再次走进了一个思维误区，做了一个不大恰当的类比。

即便从常识看，"承担全国的屈辱，才配称国家的君主……"，这句话好像很难理解，我们更熟悉的是一国之主作威作福的无上风采，不过《老子》这话事出有因，恐怕也不是自己的原创。——《左传·宣公十五年》记载，楚庄王攻打宋国，宋国向晋国告急，晋景公准备出兵援宋，但大臣伯宗劝阻说："古人说过，鞭子虽然长，也打不到马肚子。上天如今正在眷顾楚国，咱们可不能和楚国开战呀。晋国虽然也是大国，但不能违背天意。川泽容纳污秽，山林藏着毒虫，美玉暗含着瑕疵，国君忍受着耻辱，这是天之道呀，您就忍一忍，别发兵了。"

伯宗讲到国君要蒙受耻辱，说了一串很华丽的排比句："川泽纳污，山薮藏疾，瑾瑜匿瑕，国君含垢。"参照之下，我们就能够理解"国君含垢"和"受国之诟，是谓社稷主"到底是怎么回事了。

那么，"受国不祥，是为天下王"又有什么出处呢?《老子》讲的这种情况，在上古社会或许还真的比较多见。郑振铎先生的《汤祷篇》是从民俗学角度重新解读古史传说中的商汤要烧死自己来求雨的传说，商汤就是典型的"受国不祥"的角色。郑先生还举了许多国外的例证，恰好适合佐证《老子》的这个道理：

> 希腊古代神话里，曾有一个可怖的传说：Athamas 做了Achai 地方的国王。古代 Achai 人在饥荒或瘟疫时，常要在Laphystius 山的高处，把国王作为牺牲，献给 Zeus。因为他们的先人告诉过他们，只有国王才能担负了百姓们的罪：只有他一个人能成为他们的替罪的，在他的身上，一切毒害本地的不洁都放在他们身上。所以，当国王 Athamas 年纪老了时，Achai地方发生了一场大饥荒；那个地方的 Zeus 祭师，便将他领到Laphystius 山的高处而作为 Zeus 的牺牲……我们的汤祷的故事和此是全然不殊的。汤的祷辞："余一人有罪，无及万夫，万夫有罪，在余一人"的云云，也可证其并不是什么虚言假语。

后来的帝王，无论在哪一国，也都还负有以一人替全民族的灾患的这种大责任。我们在希腊大悲剧家Saphocles的名剧*Oedipus the King*里，一开幕便见到Thebes城的长老们和少年人，妇人们，已嫁的未嫁的，都集合于王宫的门前，有的人是穿上了黑衣。群众中扬起哭喊之声，不时的有人大叫道：

"俄狄浦斯！聪明的俄狄浦斯！你不能救护我们么，我们的国王？"这城遭了大疫，然而他们却向国王找救护！但在比较文化进步的社会里，这一类的现象已渐渐的成为"广陵散"。国王也渐渐的不再担负这一类的精神上的或宗教上的大责任了。然而在我们的古老的社会，却还是保存了最古老的风尚，一个国王，往往同时还是一位"祭师"，且要替天下担负了一切罪过和不洁——这个不成文的法律到如今才消灭了不久！

《老子》的作者或许就是受到了上古传说的影响吧！而从人类学家弗雷泽的研究来看，在比较原始的社会里，国王或者大祭司"受国之诟"或"受国不祥"是一种具有普世意义的情形，而且比柴堆上的商汤更值得现代读者怜悯的是，许多国王仅仅因为衰老或是疾病，就要被他的臣民们"理所当然"地杀死。这是因为他们怀有这样一种信念：他们的安全是和神人或者化身为人的神的生命联系在一起的，所以很有必要在国王或大祭司刚刚出现衰老或疾病的苗头时，就把他们杀死，以便把神的灵魂转给一个精力充沛的继承者。

从可操作性来看，疾病还算便于判断，但衰老该用什么标准来衡量呢？在希卢克人那里，一位国王"衰老的重要征兆之一就是他不能满足他的妻子们的性欲。他的妻子非常多，分住在许多房屋里。当这种衰弱的征兆表现出来的时候，妻子就向酋长报告"。国王的下场是非常凄惨的，他会被关在一间专门的小屋里，被活活地饿死、闷死。

类似的风俗"在非洲这一带似乎一直流行到现在。在法佐尔的某些部落里，国王每天要到一棵特定的树下审理事务，如果因为害病或任何其他原因一连三整天不能履行这项职务，他就要被用绳圈吊在这棵树上，圈里安装了两把小刀，国王身体的重量拉紧绳圈，两把刀就割断他的喉咙。"（《金枝》）对于饱受政府作为或不作为之困扰的一些现代国家来说，这种原始迷信或许还能有些借鉴价值。

随着文明化的进程，国王们不再需要承担那么多的风险了。但国家性的灾难依然是个棘手的问题，是非常考验政治技巧的。对于奉行道家理念的统治者来说，还要额外面临一个问题：如果也以类似的（当然会温和得多的）方式来"受国之诟"，或者"受国不祥"，会不会违反"无为"的宗旨呢？

如果国家出了什么严重的问题，总得找个替罪羊，也好给群众一个情绪宣泄的孔道，只是这个角色不再由国王扮演了。在古希腊时代，"最热闹、最明媚的殖民都市之一马赛，一遇到瘟疫流行，就有一个出身穷苦阶层的人自愿来做替罪羊。人们用公费整整养他一年，拿精美的食物给他吃。一年期满时就让他穿上圣衣，用神枝装饰起来，领着他走遍全城，同时高声祷告让人们的全部灾害都落在他一人头上，然后把他扔出城外，或在城墙外由人们用石头把他砸死。"（《金枝》）只不过这是一种常规的、制度化的东西，与其说是政治，不如说是风俗。

在政治层面上看，前文讲过，中国历代有许多知识分子在制度上争取相权，一个重要理由就是皇帝不能犯错，宰相成为问责的尽头，处罚宰相就等于杀掉那只替罪羊了。

的确，历朝历代，《老子》这句话确实被打了很大折扣地奉行过，皇帝会在天灾人祸的艰难时刻下个罪己诏，而在真正需要严厉处理的时候，"受国之诟"和"受国不祥"的自然就不会是皇帝本人了。

一场社会风波之后，总需要有人来"受国之诟"和"受国不祥"的，这也算一种因循之道，顺应人心和顺应大势。人们的满腔怒火需要一个发泄的渠道，人们的满心希冀也需要寻到一扇明亮的窗子，至于谁会是那个倒霉蛋，他或他们是否真的罪有应得，很少有人关心，就算想关心也往往看不明白。

所以，用"受国之诟"云云来说明"正言若反"，说服力不是很强，但这并不妨碍"正言若反"本身是一句很高明的道理——这是《老子》又一类典型的思维方式。

3

有很多高明的道理既有文雅的表达方式，也有粗俗的表达方式，适用的人群不同，但意思是一样的。高知嘴里的一句"画蛇添足"并不比小贩爱说的"脱裤子放屁"阐释出更加深刻的哲理。

同样，"正言若反"也有一套对应的平民版的表达方式，很便于我们理解，那就是"打是疼，骂是爱"。似乎事物发展到了极致，便会呈现出一种与自身相反的姿态，如果用诗的语言表达，就是杜牧说的"多情却似总无情"，或者纳兰容若说的"谁道情多情转薄"。

这类的话，在《老子》里边俯拾皆是。钱锺书先生说，这就是修辞所谓的"翻案语"（paradox）与"冤亲词"（oxymoron），是全世界的神秘主义者们最爱用的。

钱先生对此还专门做过分类，说第一种类型是：有两个词，常人都以为它们的意思相同或相合，比如"声"与"音"和"形"与"象"，但被翻案语这么一搞，相同的变成了相异，相合的变成了相背。"大音希声，大象无形"（《老子》通行本第四十一章），是说最大的声音反而是听不到的，最大的形象反而是看不到的。后一句我觉得还比较易于理解，比如蚂蚁可以看见小草什么样，但看不出地球什么样，这是一个视角问题或者认识论的问题。至于声音，只要频率在人耳接受范围之内，又确实传到我们耳朵里的话，为什么会听不到呢？对于人类来说，超声波算不算"大音希声"呢？

这个问题是否成立，要取决于《老子》这里讲的究竟是不是一个认识论的问题。不过道家后学往往并不这么看，比如《庄子·天运》描写黄帝在广袤的原野上所奏的《咸池》乐章，就达到了"听之不闻其声，视之不见其形，充满天地，苞裹六极"的地步，使听者最终进入一种"愚"的状态，与大道会通。

《庄子·天运》这么讲，在我们普通人听起来仍然是玄之又玄、不可理喻的，而在王弼的哲学头脑看来，所谓"大音希声"云云，显然是合乎逻辑地在另一个层面来说的：所有的事物都是从无形无名中诞生出来的，所以无形无名的东西才是万物之宗。"大象"就是无形的，既不方，也不圆，但它是所有的方形、圆形乃至任意形状的有形之物的母体；"大音"是无名的，既不是宫调，也不是商调，但它是所有的宫调、商调乃至所有音调的母体。而看看我们身边的具体事物：一件东西如果是温的，那它肯定不是凉的；一种声音如果属于宫调，那它就肯定不是商调。所以，一件东西只要成了形，就有了具体的特征，声音也是一样，所以它们就不可能是"大象"和"大音"。但反过来，如果没有具体的形象，"大象"也就无从显现；如果没有具体的音调，"大音"也就无从达致。也正是在这个层面上，我们会说"道可道，非常道；名可名，非常名"。(《老子微旨例略》)

依照王弼的解释，"大象"并不是"象"的一种，并不是所有的"象"中最大的那个，而是所有"象"的母体；"大音"也不是"音"的一种，不是所有的"音"中最响亮的那个，而是所有"音"的母体。

我们当然无从确证《老子》的本意，只是王弼的这个说法似乎更合乎《老子》的一贯思想。

我们再来看看钱先生指出的第二种类型：常人以为相违或相反的词，比如"成"与"缺"和"直"与"屈"，而在翻案语中，这些对立的概念却变得和谐无间了。《老子》通行本第四十五章的"大成若缺，大直若屈"就是这样。

第三种情况是一正一负的两个词，比如"上"与"不"，到了《老子》那里就变成了"上德不德"。钱先生以为，这里边的道理就是否定之否定，《老子》所谓"正言若反"之"正"，乃是反反以成正之正。(《管锥编》)

找一个最容易理解的例子，前边提到过王弼《论语释疑》里的"大爱无私"，《阴符经》说"天之无恩，而大恩生"，还有"天之至私，用之至公"，这类说法可谓深得《老子》的辩证法精髓。"爱"自然是"私"，但当它发展到极致，也就走向了自身的反面，变成了"无私"。无论"私"还是"无私"，都是"爱"，只是爱的层次不一样了。从"见山是山，见水是水"发展到"见山不是山，见水不是水"，再到"见山还是山，见水还是水"，走完了一个否定之否定的过程。尧圣人正因为达到了这个"大爱无私"的层次，所以才会"圣人不仁，以百姓为刍狗"。

　　但是，爱可以如此，圣人和禅师的修为也可以如此，是不是万事万物都可以如此呢？

　　《淮南子·诠言》做过一个非常形而下的解释，把《老子》的这一哲理做了政治学上的发挥：军官行军布阵，圆阵就像拿圆规画出来的那么圆，方阵就像拿尺子量出来的那么方，这样的军官要算尽心尽力地练过兵了，但他只能做小军官，却统率不了千军万马；一个人操持家务，把蔬菜一根根地排整齐，碟子都用底座托着，他的确把家务管理得很精细，但没法管理国家。

　　《淮南子·诠言》在这里很好地把握了量变和质变的关系，告诉我们管理小公司的那一套，并不能等比放大用来管理大公司。小处可以精细，但大处必定简易。以组织行为学的视角来看《老子》的这些"正言若反"，确实很有道理，也很有实际指导价值。只不过，《老子》

所有的"正言若反"并不能都得到这样的解释。[1]

《老子》这类言辞最集中的地方就是通行本第四十一章：

> 上士闻道，勤而行之；中士闻道，若存若亡；下士闻道，大笑之。
>
> 不笑不足以为道。故建言有之：
>
> 明道若昧；进道若退；夷道若纇；上德若谷；广德若不足；建德若偷；质真若渝；大白若辱；大方无隅；大器晚成；大音希声；大象无形；道隐无名。
>
> 夫唯道，善贷且成。

> 上士听了道，努力去实行；中士听了道，将信将疑；下士听了道，哈哈大笑。——不被嘲笑，那就不足以成为道。所以古时候立言的人说过这样的话：
>
> 光明的道好似暗昧；
>
> 前进的道好似后退；
>
> 平坦的道好似崎岖；
>
> 崇高的德好似低下的川谷；
>
> 广大的德好似不足；
>
> 刚健的德好似懈怠的样子；
>
> 质朴而纯真好似混浊的样子；

---

[1]《庄子·缮性》给出了另外一种参考：道不需要仁义礼智之类的小行，德不需要是非分别的小识。小识会损伤德，小行会损伤道。——这个逻辑用庸俗的意思来表达，就是说爱贪小便宜的人很难占到大便宜。

最洁白的好像含垢的样子；

最方正的反而没有棱角；

贵重的器物总是最后完成；

最大的乐声反而听来无音响；

最大的形象反而看不见行迹；

道幽隐而没有名称。

只有道，善于辅助万物。(《老子注译及评介》)

　　这些翻案语与冤亲词到底应该怎么理解，很难讲。古人也有想把它们落到实处的，比如《淮南子·说林》讲"大白若辱"（最洁白的东西却像沾了污垢一样），说越是招摇醒目的动物就越容易被人猎获，越是明显的目标就越是容易被弓箭射中，所以最洁白的东西总会像沾了污垢一样，德行最高的人却会显出空虚不足的样子。显然这是从权谋角度来分析问题了，很难说它究竟是不是《老子》的本义。

　　楚简本《老子》也有这一段内容，虽然有点残损，但也能帮助解决一些古老的训诂疑难。和我们比较亲近的就是"大器晚成"这个成语——早在马王堆帛书本出土之前，就有过学者发出质疑，并列的几个四字短语里，别的都是一加"大"字便意思相反，只有这个"大器晚成"，虽然"晚"，到底还是"成"了。但如果说这里有错，早在《吕氏春秋·乐成》里就讲"大器晚成"了。

　　后来有了马王堆帛书乙本，这一句作"大器免成"，有人以为这个"免"就是"无"的意思，但也有人说这是通假字，通的仍然是"晚"。楚简本终于解决掉了这个问题——这一句是"大器曼成"，

"曼"确实有"无"的意思，所以"大器曼成"就是"大器无成"，整段文字也就通顺下来了。[1]

不过，"大器晚成"也正是因为这个错别字，才成为了一句经典的励志格言，激励了很多起跑线太靠后却不甘放弃的人。如果你的某个朋友正在用"大器晚成"来激励自己，而你特地跑去向他澄清这句话的"正确意思"，这肯定不是什么明智之举。

其实这种美丽的错误并不罕见，像"苟日新，又日新，日日新"还进了我们的小学课本，除了少数专家一定要刨根究底之外，广大人民群众还是更愿意将错就错的。[2]

《老子》这一章里，劈头而来的那句话是经常被人们引用的："上士闻道，勤而行之；中士闻道，若存若亡；下士闻道，大笑之。不笑不足以为道。"这是一件辩论双方都可以使用的武器，如果用波普尔的现代标准来衡量，这句话似乎暗示着《老子》的理论和马克思的政治经济学、弗洛伊德与阿德勒的精神分析理论一样，具备了伪科学的最典型的特征。它们在各自的领域里都有着无限的解释力，在理论建构上精心设计了一种无敌的防御机制，可以轻松化解任何质疑，以至于

---

1 还有一些语句次序的不同，另外，最后一句"善贷且成"，马王堆帛书乙本作"善始且善成"，也就是善始善终的意思。

2 "苟日新，日日新，又日新"，这话是"四书"中的《大学》引述的商汤时代一件器皿上的铭文。如果商汤时代能有如此深刻的道德箴言，想来文明程度已经相当之高了。可郭沫若对此起过疑心，他是金文专家，觉得商周两代金文多多，可拿道德箴言来作铭文的却绝无仅有。遗憾的是，这件器皿早已失传，没法拿实物来作验证了。郭沫若想来想去，终于发现，《大学》作者看到的那件青铜器应该是件残缺的东西，缺了顶上的一小部分，所以文字也就跟着残缺了，如果补上顶端的话，这句箴言就变成了"父日辛，祖日辛，兄日辛"，这就顺理成章了。另一位专家徐宗元则认为这三句话是历代大儒读了错别字，应当是"考日辛，且日辛，兄日新"。总之，无论郭说还是徐说，这句古话读出来都是商王的世系，而绝非道德箴言。

"没有任何一种想象得出的人类行为可以推翻它们"。(《猜想与反驳》)

当然，以波普尔的标准来衡量两千多年前的作品显然过分苛刻了。但《老子》这句话也确实阻挡了所有的质疑——如果你有所质疑，那就说明你只是一个"下士"，"下士"的意见自然不值得重视，而"下士"因为智力低下等原因，也必然会不断提出那些不值得重视的意见。

如果不从思想体系的严谨性来看，只凭生活经验，不得不承认《老子》这句话确实很有道理。有多少话"可与智者道，难与俗人言"，这倒是人际沟通的常态。《庄子·天地》也紧承《老子》发出了相似的感慨，认为曲高则和寡，高明的言论不但没法被大众接受，反而会被那些庸俗的言论所遮蔽。天下人全都迷惑不觉，"我"纵然能给大家指出一条明路，可谁又会听我的呢？知其不可而为之，这也是一种迷惑呀，还不如顺其自然算了。

好在历史上也有幸运的智者，据《史记·留侯世家》，张良当年从黄石公学得《太公兵法》，用这套道理劝谁谁都不听，只有刘邦一点就透，以至于张良深深感慨，觉得刘邦一定就是真命天子。而这部《太公兵法》应当就是黄老一系的兵书，和《老子》很有渊源。

道家传承了千百年，一直都有这个问题，就算道教推尊《老子》，一样摆脱不了这个问题。北宋道士张伯端讲授修炼内丹之术，也不得不感慨"欲向人间留秘诀，未逢一个是知音"，看来是专业壁垒太高了。

不过《老子》的上士、下士之论倒也是一种有效的说服技术——很少有人愿意承认自己是"下士"，所以就算为了保全脸面，至少也不能对道家学说太轻视了。

但是，反过来看看，《老子》这么流行，讲《老子》的书这么多，世界上真有那么多"上士"吗？反正我不是上士，但也不是下士，算来应该在上士和中士之间，因为我在闻道之后既不是"勤而行之"，也不是"若存若亡"（楚简本作"若闻若亡"），而是勤而研究之。不管将来到底是勤而行之还是大笑之，总之先尽量把它搞懂再说。

"道"为什么会招致下士的大笑，为什么不笑不足以为道？因为它太高明了，所以看上去才那么可笑。为什么会有如此匪夷所思的道理呢？《老子》开始举证，说明这个道理不是"道"所独有的，而是普遍存在的。前进的道好似后退；平坦的道好似崎岖；最洁白的好像含垢的样子；最方正的反而没有棱角；最大的乐声反而听来无音响；最大的形象反而看不见行迹……

这些例证，有的能理解，有的则很难理解，如果有例子就好了。——郭店同期出土的《忠信之道》倒有可以让我们参考的例子："至忠如土，为物而不发"，最大的忠也是看不到的，因为它像土一样，静悄悄地养育万物，从来不搞什么动静。

忠如此，信也如此。"大忠不夺，大信不期"，大信之所以不期，从上下文来看，是指日升月落，四季轮回，从来没有和人类做过任何约定，却一天天、一年年，永远不变。

同样的句式，在《忠信之道》里有例子，在《庄子·庚桑楚》则能找到相当有说服力的解释：如果在街上踩了别人的脚，就得赶紧道歉；如果是哥哥踩了弟弟的脚，关心一下也就够了；如果是父母踩了儿子的脚，那就什么话也不必说。所以说最高的礼是没有人我之分的，最高的义是没有物我之分的，最高的智慧不用谋略，最高的仁不表露关爱，最高的信用不以金钱做保障。[1]

有了枚举，有了旁证，有了解释，但我们能否从中得出一个普适性的"物极必反"的道理？似乎仍不足够。那么我们再看看《老子》的这些翻案语和冤亲词最终要说明的东西好了——除了"道"之外，想来都是我们已经熟悉了的主题：最大的爱就是没有爱（天地不仁），最大的作为就是无为（为无为，则无不治）。但是，即便这些例证都是确凿无误的，真的就可以这样类比下去吗？

似乎儒家也说过这种话，不知道是从《老子》学来的，还是不谋而合。《礼记·学记》说："大德不官，大道不器，大信不约，大时不齐。"有大德行的人不拘于一官之任，掌握大道的人不偏于某一种专业素养，有大信用的人不用订立盟约，把握大时机的人不要求一切行动都整齐划一。如果你掌握了这四点，就可以"有志于学"了。

《礼记》这番话虽然看上去和《老子》很像，但只是貌似而已，因为它并不是说一种东西大到极点之后，就会走向自己的反面，比如德与官、信与约，都不是反义词，所以《礼记》的道理朴实，《老子》的道理玄妙。[2]

1《庄子·庚桑楚》："至礼有不人，至义不物，至知不谋，至仁无亲，至信辟金。"

2《鹖冠子·世兵》也阐释过"扶杖于小愧者，大功不成"这样的道理，看似一类，实际逻辑各异：曹沫做鲁国的将军，和齐国打了三次仗，损失了千里的国土。如果曹沫这时候自刎而死，不但于事无补，而且还得被人说成不勇、不智和不忠。所以曹沫隐忍不发，等到齐桓公召集诸侯的一次大会上，曹沫单人只剑挟持了齐桓公，把三战失去的国土全都要回来了。于是天下震动，四邻惊骇，名传后世。所以说"扶杖于小愧者，大功不成"。《韩非子·解老》说生人之间拘礼，父子之间就不拘礼，因为"实厚者貌薄"。这个例子也被《庄子》用过一次。

那么，《老子》的这种句式可不可以用其他内容来替换一下呢，比如：最胖的胖子好似没有肥肉；超级富豪好似穷光蛋；最强的台风好似没有刮风……这样的例子还可以无限地列举下去。而类比越多，出现的问题也就越多。这就说明了《老子》另外的一个思维特点：以人事类比自然，但只是选择性地类比。这也就意味着，所谓否定之否定在老子这里尚未形成一种普世的规律。

4

以人事类比自然，这是《老子》的一贯思维方式，所以王弼说那些"触类而思"的人无不因为从《老子》那里得到了呼应而欢欣喜悦。（《老子微旨例略》）我们先看一下通行本第二十五章：

> 有物混成，先天地生。寂兮寥兮，独立而不改，周行而不殆，可以为天地母。吾不知其名，强字之曰"道"，强为之名曰"大"。大曰逝，逝曰远，远曰反。
>
> 故道大，天大，地大，人亦大。域中有四大，而人居其一焉。
>
> 人法地，地法天，天法道，道法自然。

有一个浑然一体的东西，在天地形成以前就存在。听不见它的声音，也看不着它的形体。它独立长存而永不衰竭，循环运行而生生不息，可以为天地万物的根源。我不知道它的名字，勉强叫它"道"，再勉强给它起个名字叫做"大"。它广大无边而周流不息，周流不息而伸展遥远，伸展遥远而返回本原。

所以说，"道"大，天大，地大，人也大。宇宙间有四大，而人是四大之一。

人取法地，地取法天，天取法"道"，"道"纯任自然。（《老子注译及评介》）

这也是《老子》很有名的一段，不过内容要被新材料修订一下了。

高明先生在校读马王堆帛书《老子》的时候，发现了一个奇怪的现象：帛书甲、乙本"企者不立""希言自然""独立而不改"都是独句，在通行本里却是骈体的对偶句。如果说帛书甲、乙本同时脱落了对偶句中的一半，这种巧合实在不可思议。事情应该是这样的：骈体的对偶文是六朝时期盛行的文体，验之帛书足以说明，类似这种对偶句并不是《老子》原有的，而是六朝人羼入的。（《帛书老子校注》）

以楚简本做对照，高明先生当年的推测得到了进一步的验证。在这一章里，"独立而不改，周行而不殆"这个漂亮的对偶句只有"独立不改"这一半而已。但把另一半断为六朝时的羼入恐怕证据还嫌不足，骈体虽然盛行于六朝，但散文里零散插着的对偶句却在先秦、两汉时期已经有了。德国汉学家瓦格纳把《老子》的这种特殊的行文风格称为"链体"，比如"为者败之，执者失之。是以圣人无为故无败，无执故无失"（通行本第六十四章）。瓦格纳从《墨子》《礼记》《韩非

子》《周易》等典籍搜罗来不少同类修辞，认为"链体风格是早期汉语文本中一种常见的模式"。[1]（《王弼〈老子注〉研究》）

至于"道大，天大，地大，人亦大"，这一句以前被看作《老子》人本主义思潮的表现，因为把"人"和道、天、地抬到了一般的高度。但是，以前的几种版本里，有的写作"人亦大"，还有的却作"王亦大"，一字之差，思想境界却大不一样。到底哪个才对呢，其实全无标准，有人便以为原本应当是"人亦大"，后来被不知哪个尊君之徒妄自改作"王亦大"了。

帛书本和楚简本出现，都作"王亦大"，这就没什么可说的了。但又出现了新的问题：帛书本和通行本都是道、天、地、王的顺序，很好理解，楚简本却是天、地、道、王的顺序，居然把"道"排在了"天地"和"王"之间。这里边到底有什么深意，我们就只能靠猜了。聂中庆先生推测，这大概是取义于道寓于天地之间，并不是从道创生万物的角度来说的。（《郭店楚简〈老子〉研究》）但这样的解释得不到任何证明，我们只能拿来参考一下，启发一下思路而已。

接下来的"域中有四大，而人居其一焉"，其中的"人"也应当是"王"。最后一句是人们最熟悉的，也是这里要详细来讲的："人法地，地法天，天法道，道法自然。"

---

1 "为者败之，执者失之"一句，《鹖冠子·备知》有"为者败之，治者乱之"，后文是"败则偾，乱则阿。阿则理废，偾则义不立"，也是链体修辞。

5

"人法地，地法天，天法道，道法自然"，这里的"人"很有可能是"王"字之误，但这里就存疑不论。至于这句话到底是什么意思，曾经有过一些争议。唐代李约把断句改掉了，说以前大家都读错了，应该读作"王法地地，法天天，法道道，法自然"，因为按照以前那种断句方式，这一句里就出现了人、地、天、道、自然"五大"，而《老子》前文明明说只有"四大"。(《老子道德真经新注》)

李约这么理解，是把"自然"当成和天、地、道一般的东西了，事实上"道"并不会效法任何东西，它的"自然"只是"自然而然"罢了。证据比如："功成事遂，百姓皆谓'我自然'"（第十七章），《老子》凡用"自然"都是这个意思。所以，李约之前的古注说得并不错，河上公说"道性自然，无所法也"，王弼说"法自然者，在方而法方，在圆而法圆，于自然无所违也"。我们可以用水来想象一下，水倒在方杯子里就是方的，倒在圆杯子里就是圆的，它并不是特意要把自己变成方的或是圆的，只是顺应自身的特性而已。

《管子·形势》也有一个很贴切的说法："得天之道，其事若自然；失天之道，虽立不安。其道既得，莫知其为之；其功既成，莫知其释之。"得天之道的人，看来总是糊里糊涂地就把事情做成了。"知其然而不知其所以然"，老师常会用这句话来批评糊涂的学生，但在"为道"的意义上，这种糊涂反而是一种高明的体现。

这个问题解决了，又有人提出了新问题：按照这句话揭示的"法"的次序，难道人只能效法大地，不能效法天和道吗？高亨先生觉得这么讲完全不合情理，怀疑原文应当是"王法地，法天，法道，法自然"，被后人加了几个字之后，才变成现在我们看到的样子。

这个问题很有意思，想想也似乎就是这个道理，人（或者"王"）为什么只能效法大地，而不能效法天和道呢？《老子》其他章节不是还讲过"天地不仁，以万物为刍狗；圣人不仁，以百姓为刍狗"吗，这就是圣人效法天地；通行本第六十八章也教导领导人"配天"，这也是要人符合天道；再如第四十七章"不窥牖，见天道"，第九章"功遂身退，天之道也"……

但是，即便有了这么多的例证，也不能证明高亨先生"王法地，法天，法道，法自然"就是对的，因为"王"虽然可以"法地，法天，法道"，但不能"法自然"，这无论从内容上看，还是从语法和上下文看，都不允许。

古人的遣词造句不像今人这么严谨，我们也只能从《老子》的一贯思路上来推测这句话的意思。钱锺书先生做过一个合情合理的推论，说最终的学习目标当然是"道"，但是，"道"隐而无迹，朴而无名，神龙不见首尾，太不容易学了；没办法，退而求其次，效法天地好了，但天地也不好学，寥廓苍茫一片，不知道从何学起才对；没办法，再退而求其次，效法天地之间常见的事物好了：

"上善若水"（第八章）；

"旷兮其若谷"（第十五章）；

"为天下谿"（第二十八章）；

"犹川谷之于江海"（第三十二章）；

"不欲琭琭如玉，珞珞如石"（第三十九章）；

"上德若谷"（第四十一章）；

"江海所以能为百谷王者，以其能下之"（第六十六章）；

"万物草木之生也柔脆"（第七十章）；

"天下莫柔弱于水"（第七十八章）。

以上这些例子，都是就地取材，效法身边常见的事物。但这种效法并不是对自然界的完完全全、原原本本的效法，而是有着很明确的主观选择标准，比如山就不该学，老子嫌山太高了，不学高山而学低谷；火也不学，因为火苗是向上蹿的，老子要学的是向下流的水。学水也不是什么都学——水的特性很多，孔子看到的是"逝者如斯夫，不舍昼夜"，告子看到的是水流没有一定的方向，[1]但这都不是老子关心的，老子要学的是水的柔弱。

这么一想，问题就变大了。按说"道"应当充盈天地，无所不在，可《老子》要人们学的只不过是被主观意识框住了的一个局部而已。那么，如果我要效法天地，可不可以按照《易·象传》说的"天行健，君子以自强不息"呢？天道刚健，君子效法天道，所以自强不息。但是《老子》说："坚强者死之徒，柔弱者生之徒。是以兵强则灭，木强

---

1 钱锺书先生说"孟见其东西无分"，不太确切。这个意思本来是告子说的，孟子承认了水流不分东西，但强调了水流会分上下。见《孟子·告子上》。

则折。强大处下，柔弱处上。"（通行本第七十六章）——这的确是很令人困惑的地方，若像古人那般虔诚于圣哲，这不知道到底该听谁的。一个是《易经》，一个是《老子》，说的都是天道。这两部书在魏晋时代还和《庄子》一起被归为"三玄"，也算是一家人，可为什么偏说两家话呢？

《老子》要人取法的都是柔弱的、低下的东西，让人们不要取法的则是强硬的、高大的东西。但即便这样，道理似乎也很难说圆，因为通行本第二章里讲过"天下皆知美之为美，斯恶已；皆知善之为善，斯不善已……"按照这个逻辑，我们似乎同样可以说："天下皆知柔弱之为柔弱，斯坚强已；皆知低下之为低下，斯高大已……"如果有心为善则不善随之，为什么不是有心为柔弱而坚强随之呢？

人们在用《老子》这套道理观察世界的时候，其实总能发现相反的现象：明明说以柔克刚、后发制人，但刚克柔、先制后的事情也很常见，这该怎么解释呢？更加令人费解的是，《老子》自己一会儿说要后发制人，一会儿又要先发制人，很难让人搞清。

老子有著名的"三宝"："一曰慈，二曰俭，三曰不敢为天下先。"（通行本第六十七章）明明说了"不敢为天下先"，却又说："为之于未有，治之于未乱。"（通行本第六十四章，楚简本在甲本和丙本都有这句）这分明是料敌先机、曲突徙薪、防患于未然的想法。《战国策·楚策》记载苏秦游说楚威王，"臣闻治之其未乱，为之其未有也……"劝楚威王趁着日子还太平的时候赶紧施行合纵政策来孤立秦国，别等到火烧眉毛了再匆忙想办法。

这个矛盾应该怎么理解呢，难道是具体问题具体分析吗？

这些问题看来道家人士早就遇到过了，《淮南子·原道》解释说，先行者很艰难地踏出路来，后继者就很容易跟着走；先行者跌了跤，后继者也很容易知道闪避……这些道理连庸人都懂，却有那么多智者争先恐后，这都是因为利欲熏心呀！

道理这么讲，似乎也不能完全讲通，因为它就像典型的没有受过严格的现代学术训练的人所惯用的语言方式一样，缺少必要的限定语。于是我们会想到：探索未知领域，先行者确实要承担更大的风险，后继者也确实容易占便宜，我们现在就享受着发展中国家的"后发效应"；但如果不是陌生领域，恐怕也就不是这个道理了。第一个吃螃蟹的人固然勇气可嘉，普通人"不敢为天下先"可以理解，但在饭馆里，服务员把一盘螃蟹端上来，第一个下筷子的人反而就最容易变成占便宜的那个了。

好在《淮南子·原道》大约也发觉了这个问题，于是又做了一番解释：提倡后发，并不是让你停滞不前。如果掌握了道术，顺应着时宜，那么先者可以制后，后者也可以制先。圣人重视光阴，因为时机难得。大禹当年为了追赶时间，鞋子跑掉了也不捡，头巾挂落了也不顾，并不是要和谁争个先后，而是力争把握时机。

这段话其实也不能把前边的意思说圆，不过毕竟是意识到这个矛盾了。马王堆帛书《十大经·雌雄节》则从另一个角度来解释，说为什么我们会看到先发制人、后发制于人的事情，其实这并不说明先出手的就属于雄节、刚强，也不说明后出手的就是雌节、柔顺。这只是事情的表象，而如果透过表象看本质，就会发现先出手而取胜的，其本身就具备了雌性柔顺的本质，后出手却遭殃的，本身却具备了雄性刚强的本质，这才是决定最终结果的根本原因。

我们大约可以想象，一个平时总是隐忍不发的人某一次突然率先出手，杀掉了一个向来飞扬跋扈的家伙，只是不知道棋手们的"争先"能否也用这个道理解释？

最有趣的是《淮南子·诠言》对后胜先、静胜躁的解释：好比有两个大汉打架，势均力敌，相持不下，旁边站着一个瘦子，他帮谁谁就能赢。这不是因为他勇敢，而是因为他没参加打斗。《老子》的逻辑能不能被这样诠释，我想不会有很多人表示赞同。

6

《老子》的这种思维方式是类比型的，看到自然界的某个现象，拿来类比人类社会的某个现象。在从自然界取材的时候，往往是用归纳法推导出一个全称肯定判断。今天的人会很清楚，这种推理方式是最不牢靠的。

不过这在古代倒是一种很自然的思考，不只在中国，我们不妨参看古罗马哲学皇帝马可·奥勒留的一段箴言，会在其中发现同样的趣味："早晨当你不情愿地起床时，让这一思想出现——我正起来去做一个人的工作。如果我是要去做我因此而存在，因此而被带入这一世界的工作，那么我有什么不满意呢？难道我是为了躲在温暖的被子里睡眠而生的吗？——但这是较愉快的。那你的存在是为了获取快乐，而全然不是为了行动和尽力吗？你没有看到小小的植物、小鸟、蚂蚁、蜘蛛、蜜蜂都在一起工作，从而有条不紊地尽它们在宇宙中的职分吗？"（《沉思录》卷五）

奥勒留也和老子一样具有师法大地自然的意识，看到"小小的植物、小鸟、蚂蚁、蜘蛛、蜜蜂都在一起工作"从而晓得不该睡懒觉的道理。但我们难免会生出这样的想法：倘若奥勒留皇帝生活在一个以树懒为主要物种的国度，他会不会从树懒身上学到"人就应该睡懒觉"的道理呢？

奥勒留的这个问题同样也发生在老子身上，[1]钱锺书先生看得很明白，说《老子》所谓师法天地自然，不过是借天地自然来做比喻罢了，并不真以它们为师。从水的特性上悟到人应该"弱其志"，从山谷的特性上悟到人应该"虚其心"，这种出位的异想、旁通的歧径，在写作上叫作寓言，在逻辑学上叫作类比，可以晓谕，不能证实，更不能作为思辨的依据。

《中庸》也说"君子之道，察乎天地"，称圣人"赞天地之化育"，如果单从字面来看，儒家和道家一样，也都在效法天地。天地只有一个，而儒家的天地和道家的又迥然不同，况且其他学派也有自己的天地。谁才是真正的师法天地呢？

钱先生接下来举了几个很精彩的例子：禽鸟昆虫也属于"万物"，

---

1 有些不同的是，奥勒留在相当程度上把问题归因于"本性"，他在《沉思录》卷八对睡懒觉问题还发表过如下意见："当你不情愿地从眠床上起来时，记住这是按照你的结构和人的本性去从事社会活动，而睡眠却是对无理智的动物也是同样的。但那以每个个体的本性为据的东西，也是更特殊地属他自己的东西，是更适合于他的本性的，也确实更能带来愉悦。"

但《老子》不拿来做例子，却以"草木"来做示范，教人柔弱的道理，但是，鲍照《登大雷岸与妹书》说道："栖波之鸟，水化之虫，智吞愚，强捕小……"杜甫《独立》也说："空外一鸷鸟，河间双白鸥。飘飘搏击便，容易往来游。草露亦多湿，蛛丝仍未收。天机近人事，独立万端忧。"杜甫这时候看到的是：高天大地，到处都潜伏着杀机；天上、河里、草丛里，飞鸟鱼虫都在弱肉强食。由此感叹"天机近人事"，自然界的这种现象和人类社会很像，让人越想越是忧愁。《中庸》明明说"万物并育而不相害"，而事实分明是"万物并育而相害"，这不正是达尔文进化论里的世界吗？如果"圣人"师法天地自然的这一面，立身处世一定和师法草木之"柔脆"很不一样吧。

甚至，师法草木就可以吗？《左传·襄公二十九年》载，郑国的行人子羽说"松柏之下，草木不殖"，陶渊明《归田园居》也说"种豆南山下，草盛豆苗稀"，可见草木为了争夺生存空间也不手软，其强硬不减鸟兽鱼虫。如果"圣人"看到了这个现象，恐怕就算取法草木，也不会去学草木的"柔脆"吧。

钱锺书先生总结说：《老子》这套理论，说是要师法天地，但根本学不来；话说得自相矛盾，事也根本办不成。

钱先生还举过一个极刻薄的例子，说莫里哀剧中的一个角色，一脸的道貌岸然，一肚子的男盗女娼，他有一句自白说："世界诸多快乐都犯上天的禁忌，但没有什么事情是不能和上天通融的。"钱先生说，一些宗教人士与神秘主义者的歧舌二心，以为方便妙用，和这是一个道理。（《管锥编》）

我们看这些年有很多讲《老子》的，有讲老子的大智慧，有讲老子的养生之道，有讲老子的管理智慧，有讲老子的人生励志……但好像几乎没人引过钱先生的话，这不是没有道理的。想想钱先生的《管锥编》如果不是写得那么枯燥难懂，恐怕早就招来人民群众的一片骂声了。人们尊敬一个人，往往因为不了解他。

7

接下来我们再看《老子》的说理，心态可能就会有点不同了。现在我们再来看看《老子》是怎么推论出人应该柔弱和谦下的：

> 人之生也柔弱，其死也坚强。
>
> 草木之生也柔脆，其死也枯槁。
>
> 故坚强者死之徒，柔弱者生之徒。
>
> 是以兵强则灭，木强则折。
>
> 强大处下，柔弱处上。（《老子》通行本第七十六章）

这一章的推理过程很清楚：人在活着的时候，身体是柔软的，死了以后身体就变僵硬了；草木也是一样，活着的时候身体是柔脆的，死了以后就变枯槁了。有了这两个例证，所以推论出：凡是坚强的，都属于死物的一类；凡是柔弱的，都属于活物的一类。

以这个结论再返回头去检验事实：兵强则灭（这句话很难解，恐怕有错讹），树木太坚硬就容易折断。[1]

理论经过检验，发现可以很顺畅地解释事实，于是《老子》又做了一个更高一层的总结：强大的反而处于下位，柔弱的反而居于上位。

这一章的推理过程算是相当清晰的，只有最后这个结论出现得颇为突兀。从"兵强则灭，木强则折"，凭什么就能推出"强大处下，柔弱处上"呢？西汉严遵给过一个貌似合理的解释："小不载大，轻不载重。"这是"神明之道，天地之理"。由此比附人事，就是强人不能为王，否则谁都没有好日子过。事情得反过来才对："众人为大，故居下；圣人为小，故居上。强大居下、小弱居上者，物自然也。"（《道德真经指归》）——且不管逻辑上是否站得住脚，这个道理确实非常先进，描述的正是我们现代社会的政治格局：人民群众才是国家的主人翁，人多势众最强大，所以居于下位，是国家的根基；各级官员则是人民公仆，是弱小的服务者，所以才居于上位。

严遵在老学史上实在有着不容小觑的地位，王弼《老子注》追随的就是严遵的传统，只不过没有像严遵一样使用阴阳五行体系来阐释《老子》。从现有的材料来看，严遵正是最早把《老子》和《周易》

---

1 这句话不同版本用字不同，当下这个"兵强则灭"已经是最合理的校正了，但把"兵"解释为"用兵"，和"木强则折"并不匹配。陈鼓应《老子注译及评介》译作"因此用兵逞强就会遭受灭亡，树木强大就会遭受砍伐"，即便第二句恐怕也不甚合理，因为这是《庄子》惯讲的道理而不是《老子》的风格，而且从上下文看，"折"应当是内因造成的才对。我以为最匹配的解释应该是"兵刃的硬度太高就容易断裂，树木的硬度太高就容易折断"，但是"灭"并没有"断裂"的意思。这句话现在看来恐怕就是讲不通，只能等以后发现什么新材料了。

联系起来的人物。[1]这两部书再加上《庄子》,构成了魏晋时代所谓的"三玄"。严遵字君平,隐居于成都市井之间,以算卦为生,号称神算。传说他每天算卦赚到一百文钱就收摊,够维持基本生活就行了,然后就讲授《老子》,著书阐释道家的学问。

话说回来,《老子》的这段推理,除了上述的疑难之外,还有什么问题呢?

这个问题,从逻辑上说就是违反了同一律,偷换概念了,把形体上的柔弱替换成了生命意志的柔弱。

小草的形体是柔软的,但生命力很顽强,这已经是我们生物学的常识了。我们把自己和小草去做类比,小草的形体很柔软,我们的身体也很柔软;小草死了之后形体枯槁,我们死了以后也会身体僵硬;小草的生命力很顽强,我们的生命力也很顽强。那么,我们向小草学什么呢?是用我们的性格和处世方式来学小草的形体吗?这个逻辑关系又在哪里呢?

除了"柔弱"之外,《老子》另一个重要主张就是"谦下",这是从水和雌性的特性得出来的结论:

> 大邦者下流,天下之牝,天下之交也。牝常以静胜牡,以静为下。

---

1 到了王弼那里,以《周易》释《老子》表现得就很突出了。在王弼《老子注》的总共二十一处引文里,有十一处出自《周易》,其中八处出自《系辞》,两处出自《文言》,这些在当时都被认为是孔子的言论。

故大邦以下小邦，则取小邦；小邦以下大邦，则取大邦。故或下以取，或下而取。大邦不过欲兼蓄人，小邦不过欲入事人。夫两者各得所欲。大者宜为下。(《老子》通行本第六十一章)

大国要像居于江河的下流，处在天下雌柔的位置，是天下交汇的地方。雌柔常以静定而胜过雄强，因为静定而又能处下的缘故。

所以大国对小国谦下，就可以汇聚小国；小国对大国谦下，就可以见容于大国。所以有时（大国）谦下以汇聚（小国），有时（小国）谦下而见容（于大国）。大国不过要聚养小国，小国不过要求容于大国。这样大国、小国都可以达到愿望。大国尤其应该谦下。(陈鼓应《老子注译及评介》)

江海之所以能为百谷王者，以其善下之，故能为百谷王。
是以圣人欲上民，必以言下之；欲先民，必以身后之。是以圣人处上而民不重，处前而民不害。是以天下乐推而不厌。以其不争，故天下莫能与之争。(《老子》通行本第六十六章)

江海之所以能成为许多河流所汇往的地方，因为它善于处在低下的地位，所以能为许多河流所汇往。
所以"圣人"要为人民的领导，必须心口一致的对他们谦下；要为人民的表率，必须把自己的利益放在他们的后面。所以"圣人"居于上位而人民不感到负累；居于前面而人民不感

到受害。所以天下人民乐于推戴而不厌弃。因为他不跟人争，所以天下没有人能和他争。（陈鼓应《老子注译及评介》）

"海纳百川，有容乃大"，海之所以成其大，因为它位置最低，所有大江、小河都会把水流向它。但这个推理，毛病并不比"草木"那章更少。

首先是举反例很容易：如果《老子》的作者低头看完大海又抬头看天的话，会不会觉得天比海更大呢？但天上如果有了水，总会落下来的，所以才有了雨、有了雪，难道天是"不容乃大"吗？在古人朴素的观察里，得出这个结论并不困难。

再要问的是，人性和水性有没有可比性？难道是"人往低处走，水往低处流"？

问题还不止于此。的确，按照《老子》说的，圣人如果谦下，人民就乐于拥戴他；大国如果谦下，小国就愿意依附它。归根结底，这个道理是针对统治者说的，不是对老百姓说的，谦下的背后一定要有实力做支撑才行。

有句老话是"贫居闹市无人识，富在深山有远亲"，如果你是个穷人，就算你住在闹市里，就算你再怎么柔弱，再怎么谦下，也不过是"无人识"罢了；但你如果是个富豪，即便住在深山里，照样不断会有八竿子打不着的亲戚去巴结你。——这个现象，道家《慎子》早有发现，说"家富则疏族聚，家贫则兄弟离"，为什么会这样呢？"非不相爱，利不足以相容也"。家里穷，就算再怎么柔弱谦下，别说外人，就连最亲爱的兄弟也不得不另觅出路。这就是赤裸裸的现实，连孔子都承认人们普遍是追求富贵、厌恶贫贱的。

尽管自欺欺人是我们最廉价的获得快乐的方式，然而，穷人的柔弱谦下和富豪的柔弱谦下毕竟是两回事，同途而殊归。《老子》这些话，是说给"圣人"听的，是说给统治者听的，不是让老百姓拿来做安慰剂的。

第十章

《老子》辩证法的三种解读：
客观规律、处事操守及权谋机变

1

古代的波斯诗人塞拉维写过一首《罗马人和中国人》，描述了一场同台竞技的故事。故事的发生地是波斯，当时，中国人夸耀自己擅长水墨丹青，罗马人则自诩多才而饱学，结果你说你厉害，我说我厉害，只不多时，罗马人便理屈词穷了。

中国人大概觉得这种事只靠嘴说是不够的，于是请求国王安排两处院落，让两拨人各展所长。是骡子是马，终于还是要拉出来遛遛的。

场地安排妥当了，是两座大院子，门对门，中国人和罗马人各就各位，比赛开始了。

中国人确实没有吹牛，向国王要了很多颜料之后，每天一大早就开工，忙忙碌碌，志在必得。罗马人却什么颜料都没要，说朴素无瑕才是最珍贵的，每天紧闭大门，也不作画，只是一味地粉刷墙壁。

等期限到了，国王带着大臣们走进了中国人的院子，一下子便被画面的巧夺天工惊呆了，掉头再看罗马人，只见他们大门洞开，明亮洁净而纤尘不染的墙壁就像一面镜子，把对面艳丽的画幅和喧闹的人群完全映照下来，更加生动和美丽。

塞拉维这首诗宣扬着苏菲神秘主义[1]的信仰情怀，目的是要说明："你要把自己的心情滤得纯净，那时方显露你纯洁的天性"，只是故事里的罗马人反而更像我们所熟悉的中国人。如果把角色换成中国人和德国人，现代读者应该就更容易理解了。

故事里的罗马人，如果不考虑他们的异族身份的话，倒很像是老子的学生。《老子》第十章："涤除玄鉴，能无疵乎。"把内心的光明比作镜子，让人洗净杂念，摒除妄见，反观内心的清明。[2]

用镜子比喻人心，这是古人常用的修辞。《庄子·天道》说圣人的心非常宁静，就像天地万物的镜子。[3]大家最熟悉的应该是禅宗的说法，慧能和神秀竞选禅宗六祖，神秀的偈子写作"身是菩提树，心如明镜台。时时勤拂拭，莫使有尘埃"。

神秀这个偈子，看上去仍是《楞伽经》的一脉传承，也完全符合《老子》所谓"为学日益，为道日损"的观点——我们一般人所谓的学习，是做加法：人一降生，什么都不懂，先要上幼儿园，然后接受九年制义务教育，成绩好的还可以继续上大学，读硕士、读博士，越到后来学问越高；神秀所讲的修佛参禅，是做减法：佛性是与生俱来的，

---

1 苏菲神秘主义是伊斯兰教神秘主义的一派，把教义赋予隐秘奥义，奉行苦行禁欲的修行方式。

2 玄鉴因为有个"玄"字，所以比较容易让人产生过分深刻的理解。玄的意思是幽黑，古时候的镜子是玄锡和青铜做的，幽黑发亮。

3 以止水来形容圣人之心，是《庄子》的一个重要主题，止水就有镜子的意义。在比喻与象征的意义上，水的止与动基本相当于镜子的拭净与蒙尘。《庄子·德充符》："人不会在流动的水面上照自己的样子，而在静止的水面上去照。唯有静止的东西才能使别的东西也静止下来。"《庄子·天道》："水要清净才能照清楚人的须眉……水只要清净就会明澈，何况人的精神呢。"《庄子·刻意》："水的本性是这样的：不混杂就会清澈，不搅动就会平静，闭塞了就不能流动和澄清，这是'天德之象也'。"以水作为圣人的取法对象，这是从《老子》一脉相承下来的。

人人都有，只是人生在世，被这个五花八门的世界层层污染，那一点佛性早就被灰尘遮住看不见了，就像一面镜子，本来就是明晃晃、亮堂堂的，但在污泥里滚得久了，连镜子自己都相信自己只是一块泥巴，所以要不断用水冲、用布擦，还原镜子明晃晃、亮堂堂的本来面目，还原之后还不算大功告成，因为在世界这个烂泥塘里，镜子一不小心就又会被弄脏，所以需要谨慎小心，时时勤拂拭，莫使有尘埃。

镜子擦干净了又会怎么样呢？就会像塞拉维诗中罗马人精心粉刷过的那面墙壁，明亮地映照出外界的一切事物，而最重要的是：外物来的时候，影像就显现；外物走的时候，影像就消失，没有一点点的黏滞和留恋——这也就是《庄子·应帝王》所谓的"至人之用心若镜，不将不迎，应而不藏，故能胜物而不伤"。

罗马人还做到了黄老之术中最重要的一个原则：因势利导，所以自己的成绩在很大程度上是借着中国人的辛苦才完成的。不仅如此，《老子》说的"知者不言，言者不知"也被这个故事说出来了，罗马人在斗嘴的这个环节上的确输给了伶牙俐齿的中国人。

"为学日益，为道日损"，罗马人也做到了。中国人在那边耗费了无数的颜料，花费了无数的精力，创作了一幅美妙绝伦的作品，而罗马人在这边只在做"减法"的工作，把墙壁上的污渍涤除得越来越少，仅此而已。

所以，的确很令人吃惊，一位波斯古代诗人的诗歌作品竟然可以拿来解说《老子》里这么多的道理。但是，如果那些罗马人是真正的《老子》门徒，显然在竞赛的最后还漏掉了一件最重要的事。

2

　　《战国策·魏策》记载，魏国的将军公叔痤在浍水北岸大败韩、赵联军，魏惠王闻讯大喜，亲自到城郊迎接凯旋的大军，赐给公叔痤百万良田。公叔痤却辞谢说："能让我们魏国的士兵在强敌面前勇往直前的，是当初吴起将军的训练，我是做不到的；在大军行动之前探测地形与敌情的，是巴宁和爨襄的功劳，也不是我做的；在战前设立赏罚的标准，战后能够如约履行的，是大王您严明的法度；只有在看到进攻的时机后，不懈怠地击鼓以号令全军的才是臣子我呀。您是因为我击鼓太辛苦才如此赏赐我吗？"

　　魏惠王点头称是，于是派人寻访吴起的后人，赏田二十万，对巴宁和爨襄各自赏田十万。魏惠王又说："公叔痤真是一位有德之人呀，已经替我打败了强敌，又不忘贤者的后代，不掩将士的功劳，他更该得到奖赏才是。"于是在起初赏赐的百万良田之外，又加赐了四十万。《老子》说："圣人无积，既以为人己愈有，既以与人己愈多"，公叔痤就是这样的人啊。

　　故事里的魏惠王，和孟子有过一段很深的交往。[1] 公叔痤是魏国的

---

1 魏惠王因为建都于大梁，所以史书也称梁惠王，即《孟子》一书中的梁惠王。

元老栋梁，但他在历史上最出名的事情，是在弥留之际向魏惠王推荐了自己的一名家臣，魏惠王没当回事，结果这位家臣西行投奔了秦国，受封于商，世称商鞅。

至于《老子》的那句话，见于通行本第八十一章，接下来还有两句，"天之道，利而不害；人之道，为而不争"，大意是说："圣人不私自积藏，他尽量帮助别人，自己反而更充足；他尽量给予别人，自己反而更丰富。自然的规律，利物而无害；人间的法则，施为而不争夺。"（《老子注译及评介》）

公叔痤所做的，正是塞拉维诗歌里的罗马人所缺的。但《老子》的悖论就在于：公叔痤的风格只能被本分地表现出来，却不能被模仿。也就是说，如果我们觉得公叔痤这样推辞和分享到了手的好处，最后反而捞到了更大的好处，所以我们为了捞到更大的好处，也有必要推辞和分享到了手的好处。但是，一旦起了这种功利心，也就违背了《老子》的"无为"真谛，变成了"无为"是为了更大的"有为"，"不争"是为了争夺更多。

韩非子早就发现过这个问题，于是说无为守虚不能存心刻意，否则就会走向反面了。（《韩非子·解老》）《庄子·知北游》里有个叫作光曜的角色，感叹自己虽然能达到"无"的境界，却达不到"无无"的境界，因为才一追求"无"却反而落于"有"了。

这话可谓至论，但无心之无说来容易，实践起来却几乎是不可能的。

再者，前边讲过，《老子》的无为之道是为统治者量身定做的，如果套在其他人身上，虽然也会给人或多或少的助益，但肯定不会那么丝丝入扣，"有为"与"无为"的这个矛盾正是表现得最明显的。

北宋道士张伯端说："始于有作人争觅，及至无为众始知。但见无为为道体，不知有作是根基。"（《悟真篇》）这是教人修炼内丹的办法，说"无为"是道体，大家都知道，但不要轻视"有为"，因为"有为"才是修炼的根基。南宋翁葆光注释说：修命之道要始于有作，炼丹以化形；中间的过程要有为，炼形以化气；修炼的结果才是无为自在。（《紫阳真人悟真篇注疏》）这就像音乐家的即兴演奏，要达到这个"无为自在"的层次，实在需要多年的勤学苦练才行。

在这些道教大师看来，"无为"不是手段，而是目的，是一种终极境界，而要达到这种境界是无比艰难的，必须辛勤刻苦地去"有为"。——这样一来，新的矛盾又出现了，因为《老子》分明还说过"为之者败之，执之者失之"。

要琢磨这个道理，我们就该进入《老子》挨骂最多的一章了。

3

> 将欲歙之，必固张之，将欲弱之，必固强之；将欲废之，必固兴之；将欲夺之，必固与之。是谓微明。
>
> 柔弱胜刚强。鱼不可脱于渊，国之利器不可以示人。（《老子》通行本第三十六章）

将要收敛的，必先扩张；将要削弱的，必先强盛；将要废弃的，必先兴举；将要取去的，必先给予。这就是几先的征兆。

柔弱胜过刚强。鱼不能离开深渊，国家的"利器"不可以随便耀示于人。(《老子注译及评介》)

这一章，常常被人们认为是阴谋家说，看上去也确实很像阴谋家的论调。《韩非子·喻老》就是这么来阐释的：越王勾践败给了吴王夫差，做了夫差的奴仆，怂恿夫差攻打齐国。夫差果然在艾陵打败了齐国，把吴国的势力扩展到长江和济水一带，又在黄池耀武扬威，控制了五湖之地。而就在这声势最盛的时候，被勾践抄了后路，夫差兵败而死。同样的道理，晋献公准备偷袭虞国，先向虞国国君赠送美玉和宝马；智伯打算偷袭仇由，先送给对方一辆大车，这就是《老子》说的"将欲夺之，必固与之"的道理。

有必要说明的是，即便韩非子的解读完全符合老子本意，但这种物极必反、盛极而衰的观念在周代已经由来已久了，是很多有识之士的共识。

《左传·哀公十一年》记载的正是《韩非子·喻老》刚刚讲过的吴越相争的事情。吴王夫差志得意满地想要和齐国开战，伍子胥劝阻无效，反而被逼自杀，死前哀叹说："吴国就要灭亡了呀。'盈必毁，天之道也。'"

所谓"天之道"，确实是从天道（即自然规律）观察得来的。譬如《左传·昭公三年》记载张趯以星象喻人事，说大火星位于天中的时候，寒暑就会消退，晋平公已经达到了他的鼎盛时期，接下来就该走下坡路了。

《战国策·魏策》记载晋国的权贵智伯向魏桓子索要土地，魏桓子不给。魏桓子的手下任章问道："为什么不给他呢？"魏桓子说："他无缘无故地要我的地，我能给吗！"任章说："您还是给他的好。智伯的势力这么大，您满足了他的无理要求，他一定会更加骄纵，其他人就会更怕他，智伯的好日子也就不长了。《周书》说：'将欲败之，必姑辅之；将欲取之，必姑与之。'"魏桓子听了任章的意见，真就把一座万户人家的城邑给了智伯，智伯果然更加骄纵无度了，又向赵襄子索要土地，赵襄子不给，两边打了起来，结果晋国四大家族里三家联手灭了智伯。（这就是"三家分晋"的开始，从此以后，曾经强盛一时的晋国就不复存在了。）

我们看任章所引的《周书》，"将欲败之，必姑辅之；将欲取之，必姑与之"，和《老子》的"将欲歙之，必固张之……"如出一辙。

《吕氏春秋·行论》也讲过一段故事，齐国攻打宋国，燕昭王派出张魁带领燕国的军队去协助齐国，没想到齐湣王却把张魁杀了。这对燕昭王来说实在是奇耻大辱，当即便准备发兵伐齐。凡繇来劝谏，说国力弱的时候千万隐忍。燕昭王依言，反而派出使者向齐国赔罪，助长了齐湣王的骄纵。[1]后来燕昭王伐齐，连克齐国七十余城，险些灭了齐国。所以古诗说"将欲毁之，必重累之；将欲踣之，必高举之"（要想毁灭什么，一定先把它堆积起来；要想摔倒什么，一定先把它高举起来）。

---

1 根据1973年马王堆出土的《战国纵横家书》，这次燕昭王派出的使者就是苏秦。

《吕氏春秋·行论》引述的这几句诗在《诗经》里找不到，应该属于逸诗。既有《周书》，又有逸诗，应该都是《老子》这一章之所本。一部分学者认为，《老子》这一章只是客观陈述事物发展的一种规律，"不幸这段文字普遍被误解为含有阴谋的思想，而韩非是造成曲解的第一个大罪人，后来的注释家也很少能把这段话解释得清楚。"（陈鼓应《老子注译及评介》）但是，如果我们采《周书》和逸诗为证，韩非子显然并没有曲解《老子》，这一章确实含有阴谋的思想。

这样一来，新问题又出现了：这一章里"将欲……必固……"的句式显然表达了一种处心积虑的姿态，这与《老子》在别处说的"为者败之，执者失之。是以圣人无为故无败，无执故无失"（楚简甲本第一组）出现了明显的矛盾。能够把矛盾降低一些的情况是："将欲……必固……"这一段在楚简本里并不存在。

4

这种阴谋的思想，使《老子》带上了兵家的色彩。历史上的很多名人，比如苏辙、王夫之，都曾把《老子》当作兵书来看。明太祖朱元璋亲笔注过《老子》，洋洋洒洒很能写，只是注到这一章的时候，只有短短一句"柔浅而机密，智者能之"，就辍笔不注了，不知道是顾虑什么。更有甚者，唐代研究《老子》的王真，是唐宪宗手下的一名将军，写过一部《道德经论兵要义述》，完全以《老子》论兵，只是见地并不高明，对这一章的阐释无非是说军国领袖应当小心谨慎，注意观察天道与人事，看看曾经对自己有利的因素是不是悄悄地变成不利因素了。

那么，《老子》和兵家到底有关系没有？李泽厚先生曾说《老子》的思想来源可能和兵家有关（《中国古代思想史论》），现在看来，推断来源恐怕为时尚早，但两者的关系肯定是有的。

从兵书里来找同样的话，《六韬·发启》："鸷鸟将击，卑飞敛翼；猛兽将搏，弭耳俯伏；圣有将动，必有愚色。"这段话在1972年出土的银雀山汉墓竹简里也有，是说猛禽和猛兽在发起行动之前，都要有一个俯身收缩的姿态（养过猫的朋友都会发现，猫在进攻之前就会很小心地把身子低伏下来），圣人在发起行动之前，一定会露出愚钝的神色。

这既是事物之常态，也是阴谋之常理。想想别人对你好，很可能是为了害你，这总是让人不舒服的，不过在诡谲奇幻的政治舞台上，往往只有精英中的精英、小人中的小人才能生存下去，尽管他们看上去往往都是那么淳朴、文雅和亲切。

《六韬·三疑》："夫攻强，必养之使强，益之使张。太强必折，太张必缺。"《六韬·文伐》："因其所喜，以顺其志。彼将生骄，必有奸事。苟能因之，必能去之。"这些文字全在阐释同一个道理：要想使谁灭亡，就先让他疯狂。怎么让他疯狂呢？顺着他，宠着他，满足他的不合理要求，助长他的嚣张气焰。这样的见解，在《左传》当中多有实例，应当是春秋时代上层社会的一大共识。

换一个角度来看，唐人李奚写过一篇《反五等六代论》，还是在谈封建制和郡县制孰优孰劣的老话题，不过在讲到诸侯们是否真的可以作为王室藩卫的时候，一针见血地说：哪家诸侯要想称霸，就打出勤王的旗号，安定王室的内乱，看上去忠心耿耿，也邀买了一个好名声，其实却包藏祸心、觊觎神器。名为尊王、勤王，实际是扩大自家的实力，这就是《老子》所谓的"将欲弱之，必固强之"的道理，这些诸侯真的能做王室的藩卫吗？

联系这一章，再看《老子》第六十六章："是以圣人欲上民，必以言下之；欲先民，必以身后之。"欲上而必下，欲先而必后，显然是在教授帝王之术。楚简本这一句作"圣人之在民前也，以身后之；其在民上也，以言下之"，大意虽然不差，却没有了"欲……必……"的结构，更像是在平淡地描述一种政治规律，权谋色彩比通行本弱了不少。从版本的演进来看，《老子》是越后来越有黄老之风的。

也许是《老子》原本阐释的客观规律被后学强化成了主观技术，比如《文子》发挥老子之学正是这么做的。《文子·符言》为《老子》这句话做解释，说人心只会服于德，不会服于力，而"德在予，不在求"，要想别人对你好，你就得先对别人好，只有把自己的姿态放低，大家才乐于拥戴你。

"德在予，不在求"，这话得两说。往歹毒了说，最精彩的发挥恐怕还得数《管子·牧民》，其中论述"政之所行，在顺民心；政之所废，在逆民心"，这种话我们很熟悉，也很接受，接下来的话也很好听：人民不喜欢忧劳，我就使他们安乐；人民不喜欢贫贱，我就使他们富贵；人民害怕危难，我就使他们安定；人民害怕没有子孙后代，我就使他们多多生育。

再接下来的话才是重点：我能使人民安乐，人民就能够为我忧劳；我能使人民富贵，人民就能够为我承受贫贱；我能使人民安定，人民就甘愿为我承受危难；我能使人民多多生育，人民就甘愿为我牺牲性命。

这还不是让我们感叹其心可诛的时候，《管子·牧民》继续发挥：所以，靠刑罚吓不住人民，靠杀戮压不服人民。如果刑罚太多而人心不惧，法令也就无法推行；如果杀戮太多而人心不服，统治者的地位也就岌岌可危了。所以说，只要顺从人民上述的四种愿望，远方的人也会来亲附；如果施行那四种恶政，亲近的人也会背叛。所以，"给予就是索取"这个道理实在是搞政治的法宝呀（"故知予之为取者，政之宝也"）。

当然，"德在予，不在求"，在阴谋家的眼里和在有德者的眼里自然不会是同一个意思。往好处说，这道理用在治国之道上居然很有现代风格。我们新中国的开国先贤们正是这么做的，一反两三千年来统治者高高在上的姿态，把人民群众当成主人翁，各级官员都把自己看作人民公仆。顾名思义，公仆是服务者，而不是管理者或统治者，所以是主人翁而不是公仆们掌管着这个国家，享有全部的国有财产，通过人民代表大会行使着充分的政治权利。如果官员们都是所谓父母官，老百姓便凭空多了好多生杀予夺的大家长。——更让人惶恐的是，这些"家长"对"子女"并不存在天伦之爱，老百姓的日子自然难过；只有父母官变作公仆了，这才会"处上而民不重，处前而民不害，是以天下乐推而不厌"。尽管我们的现代社会并不是按照《老子》的模本来塑造成型的，但的确是两千多年来第一次暗合于《老子》这一幅政治蓝图的完美实例。

得到了两千多年后的事实验证，按说《老子》应该享受一下无限风光才是，但是，它仍然会面临一个致命的问题：很多平民百姓反而希望跪在圣人的脚下而不愿居于上位，反而希望跟在圣人的后面而不愿跑在圣人的前边，尤其在社会发生危机或者面临转型的时候更是如此。久已习惯了跪姿的人，站直了反而不舒服。

这话并没有讽刺的意思，而是人的天性如此。就像对待传统经典，有些人喜欢站在巨人的肩上，但更多的人喜欢跪在巨人的脚下。另一方面，恰似《管子·形势》说的，"山高而不崩，则祈羊至矣；渊深而不涸，则沉玉极矣"，只要山势高峻而不崩塌，就会有人去杀羊祈福；只要渊水幽深而不枯竭，就会有人去投玉求神。《管子》恐怕还多虑了，其实随便立个泥胎，就会有人过去磕头。没有不开张的油盐店，更没有没人跪的神佛精灵。

亚里士多德给"人"下定义，说人是社会的动物。这句话更加精确的表达应该是：人是群居的动物。那么我们看看其他的群居动物就会知道，猴群会有猴王，狼群会有头狼，人也一样，需要有一位强悍的、最好是韦伯所谓的卡里斯玛型的领袖。这种天性实在是亿万年自然演化的结果，不是说改就能改掉的。

说起来似乎非常荒谬，服从居然也会带给人相当程度的心理快感，最极端的表现应该算是斯德哥尔摩综合征了。即便在一个圣人无为而治的社会，或者说是民主化程度极高的社会，人们无法从政治领袖身上体验到足够的服从感或依附感，也会在其他渠道寻找这种感觉，比如宗教信仰、英雄崇拜和明星崇拜。

没有统计数字的支持，仅仅出于感觉上的推断：人们对现实生活的可预期程度越高，对精神领袖的心理需求也就越低。这在一定程度上可以解释，为什么周代的无神论倾向那么重。在礼崩乐坏之前，人们对现实生活的可预期程度相当之高。

即便在礼崩乐坏的春秋时代，我们看《左传·文公十六年》的一段故事：宋国司城公子荡死了，按照传统，职位应该由其儿子公孙寿继承，但公孙寿推辞不干，让自己的儿子荡意诸接班。公孙寿的理由是："现在国君无道，司城这个职位离国君太近，将来很可能惹祸上身。可我要是辞官不做，家族便没了庇护。儿子是我的替身，就让他来代我死吧。这样的话，虽然死了儿子，总算可以保全整个家族。"后来宋国发生政变，国君被杀，荡意诸也跟着死了。

这段故事，正好说明了周代世卿世禄制度的特点。从上到下，一切都是论资排辈的。人一生下来，未来的路就已经清清楚楚地摆在眼前了，而且，你想走也得这么走，不想走也得这么走。像公孙寿这样，想要辞职不干都不可能。不过在这样的社会里，倒基本可以实现无为之治，因为人的力量远远大不过规矩的力量。

所谓礼崩乐坏，简而言之就是规矩坏了，世卿世禄制逐渐变成聘任制了，论资排辈的事情少了，布衣也可以贵为卿相，当然也很容易辞职或被罢免，无职也就无俸，不像过去还有封邑可以依靠。

从世卿世禄制到聘任制，尤其意味着各国中央政府的集权程度大大加强了，也就意味着国君们越来越"有为"了，这时候尤其需要卡里斯玛型的领袖。《老子》所谓的无为之治，应该就是针对这样一种社会转型而提出来的应对方案，这在当时自然属于逆社会发展的潮流而动，自然不会见用于世，直到汉朝初年天下定鼎，才开创了一番崭新局面。

第十一章

理想的人生是退步：回归婴儿

1

苏鲁支（也译作查拉斯图拉）是尼采笔下最著名的一位智者，当他得道下凡之后，就神奇地"变为小孩了"——这意味着他变成了一个"觉悟的人"。赞美孩童一度成为西方浪漫主义运动中的一大风气，这说明孩童的一些特质正是当时社会上缺乏的东西。

为什么一个得了道的人会"变成小孩"呢？——尼采讲过人的精神转变的三个阶段，即从骆驼变为狮子，从狮子变为婴儿。前一种转变还容易理解，骆驼象征着被动与驯服，狮子象征着主动与征服，但是，为什么勇猛的狮子要变成婴儿呢？婴儿比狮子强在哪里呢？

对这个问题，尼采的解释很玄妙："婴儿乃天真，遗忘，一种新兴，一种游戏，一个自转的圆轮，一发端的运动，一神圣的肯定。"（徐梵澄译《苏鲁支语录》）

尼采说话总爱用诗人的语言，如果我们要找一些朴素的说法，可以看看王国维的一篇《叔本华与尼采》，其中翻译叔本华的话，有一句和本节句式完全一样："天才者，不失其赤子之心者也"，接下来还有具体说明（仍是翻译叔本华的意见）：人从一出生，长到大约七岁，知识器官（大脑）就已经发育完全了，而生殖器官还没有发育完全，所以赤子能感受、能思考、能接受教育，对知识的渴望较成人强烈，接受知识也比成人容易。一言以蔽之：赤子的智力胜于意志。也就是说，赤子的智力的作用远远超过意志的需要。所以从某方面来看，凡是赤子，都是天才；凡是天才，都是赤子。

以上这段话的意思实际是在说：小孩子的智力发育比生殖系统的发育要早，所以在这个阶段，他们在观察事物的时候并不受欲望的干扰，加之缺乏社会生活经验，眼光就更加单纯，而这正是所谓"纯粹认识主体"的特点。（苏缨《人间词话讲评》）

《老子》不知道有没有想过这么多，但它早早就把婴儿状态看作得道的理想之境了：

> 载营魄抱一，能无离乎？专气致柔，能如婴儿乎？（《老子》通行本第十章）
>
> 沌沌兮，如婴儿之未孩。（《老子》通行本第二十章）
>
> 知其雄，守其雌，为天下谿。为天下谿，常德不离，复归于婴儿。（《老子》通行本第二十八章）
>
> 含德之厚，比于赤子。毒虫不螫，猛兽不据，攫鸟不搏。骨弱筋柔而握固。
>
> 未知牝牡之合而朘作，精之至也。终日号而不嗄，和之至也。
>
> 知和曰常，知常曰明，益生曰祥，心使气曰强。物壮则老，谓之不道，不道早已。（《老子》通行本第五十五章）

以上这几章，全都是《老子》为我们描述的理想的人生状态：

回归婴儿。

婴儿有什么突出的优点吗？通行本第五十五章（楚简甲本也有大意不差的段落）告诉我们："含'德'深厚的人，比得上初生的婴儿。毒虫不刺伤他，猛兽不伤害他，凶鸟不搏击他。他筋骨柔弱，拳头却握得很牢固；他还不知道男女交合，但小生殖器却自动勃起，这是精气充足的缘故。他整天号哭，但是他的喉咙却不会沙哑，这是元气淳和的缘故。"（《老子注译及评介》）

这段话讲得很神奇，可是毒虫、猛兽和凶鸟为什么不会伤害小婴儿呢？这个理由《老子》没讲，王弼在注释里说：小婴儿无欲无求，不犯众物，所以毒虫什么的也就不去侵犯他。《庄子·知北游》也讲过同样的道理，只不过"婴儿"换成了"圣人"；《庄子·庚桑楚》则让老子本人重新阐释了这个婴儿之境，说婴儿的举动无意无识，行动自由自在，身如枯木，心如死灰，于是乎既不招福，也不惹祸，更不会遭遇人为的灾害了。

这倒让我想起一个访谈环保主义者的电视节目，当时反方发难说："如果老虎攻击你，你会杀掉它吗？"正方回复："老虎为什么要攻击你？如果你不去招惹它，它是不会主动攻击人的。"

如果不考虑老虎处于极度的饥饿状态的话，这话或许不错，但人如果"不小心"招惹了老虎呢？不知道诚恳的道歉管不管用？

只有小婴儿，既不会主动招惹毒虫猛兽，也不会"不小心"地惹怒它们，因为我不犯人，所以人不犯我。要验证这个结论是非常容易的，只要把小婴儿放到森林里，过几个小时来看结果。

虽然我没做过这个实验，但我实在不认为小婴儿可以安然无恙。"因为我不犯人，所以人不犯我"，地球将近五十亿年的历史里何尝出现过这样美妙的道理？至于王弼的解释，更说不通，小婴儿何尝无欲无求，他们吃起奶来从来都是"使出吃奶的力气"。

这应该是一个连"下士"都明白的常识，不知道为什么上智之人反而逆常识而动，也许有什么深刻的哲理吧。如果我们在道家的文献里找线索，会发现《庄子·逍遥游》所推崇的神人差不多就是这个样子，所谓洪水滔天也淹不死他，销金铄石的大旱也热不着他，一言以蔽之，一切外物都伤不到他。《庄子·大宗师》描绘上古真人，也说他们站在高处不发抖，跳进水里不嫌湿，钻进火里不怕热。

这到底是一种逼真的描写，还是仅仅是一种比喻呢？《庄子·达生》说鲁国有个名叫单豹的人，与世隔绝地住在山里，从不和别人争利，活到七十岁了还有婴儿的容色。——这应该就是《老子》所谓的修炼到婴儿境界的得道高人吧？——很遗憾，单豹老先生有一天出门之后遇见了饿虎，被吃掉了。《庄子·达生》借孔子之口评论说：无论是潜隐还是显扬，都不能太过度了。

不管怎么说，婴儿容颜的老单豹并没能"毒虫不螫，猛兽不据，攫鸟不搏"。《庄子·秋水》倒是给出了一个很朴素的答案：水火不伤云云其实只是一种比喻，真要用水去淹、用火去烧，再怎么得道的人也活不了。他们之所以不会被外物伤害，是因为认识了大道就会明白事理，明白了事理就懂得应变，他们有能力观察出安危的处境，是福是祸都能泰然处之。

这么一解释，虽然合情合理了，但似乎魅力全失。并且问题没有就此结束，正像《老子》说的"少则得，多则惑"，书看得越多就越迷惑。《庄子·达生》也谈到这个问题，列子问关尹说："所谓至人，水里也行得，火里也行得，他们是怎么才达到这般修为的？"关尹说："人家不是靠智巧和勇敢，而是懂得保守纯和之气。"关尹又说了很多玄虚的内容，对我们的理解很难有什么实质性的帮助，但他最后做了一个很形象的比喻："喝醉了酒的人从车上掉下来，虽然会受伤，但不会摔死。同样都是人，为什么喝醉的人反而没有清醒的人摔得重呢？这是因为他的精神凝聚，乘车也不知道，摔下来也不知道，死生惊惧根本烦扰不到他。一个人得全于酒尚且如此，何况得全于天呢！"

《庄子·田子方》拟了一段孔子的议论，说古时候的真人穿越大山而不受阻碍，踏入深渊而不被淹没，处在卑微的境地而不倦怠。但这说的并不是真人的身体，而是他的"神"。

这些解释，我们基本可以看作《庄子》后学（即《庄子》"外篇""杂篇"的作者）试图使《庄子》"内篇"的玄虚描写"合理化"的努力，但这种"合理化"在满足了我们普通人的理解能力之外，是否符合庄子的本意，甚而是否可以被拿来解释一点《老子》当中的玄妙哲理，我们就不得而知了。

《庄子·庚桑楚》有一段内容和《老子》的婴儿论最是契合：南荣趎千里迢迢去见老子，陈述自己的困境说："如果我装傻，人家就说我愚昧；不装傻吧，就会给自己招灾惹祸。如果我不顾仁义，就会伤害别人；如果坚持仁义，自己就会倒霉。我都愁死了，请您指点迷津吧！"

南荣趎遇到的这个困境，很多暴政之下的国家机器的一员或多或少都遇到过。执行命令，就违背良心；可如果拒绝执行命令，就连自己也会被专政了。是做个聪明人，还是做个傻子，都很难。

此情此境，南荣趎只想求一个明哲保身之道，而老子给出的指点大略是这样的："要像婴儿一样，自由自在地行动，没有什么明确的意识，身如槁木，心如死灰。如果能达到这个境界，福也不会来，祸也不会来。"南荣趎曾经想过装傻，可看来老子给他出的主意是让他真傻。这法子到底如何操作，效果又如何，原文就没有交代了。

《庄子》的神人、真人、至人，还有最后南荣趎要学习的婴儿，和《老子》的婴儿都有共同的特点，只不知道《老子》的婴儿境界到底应该在哪个层面上理解。不过，一个令人沮丧的消息是：你如果真把道家的这种修身境界修炼出来，不一定就会无灾无难。《庄子·庚桑楚》还讲过这样一段话：把身体奉养好，把精神培育好，敬修内智以通达外物，如果这样做了而各种灾难依然降临，那就是"皆天也，而非人也"。

从《老子》的上下文推断，"物壮则老，谓之不道"，这一句似乎为"回归婴儿"的主张提供了一个理由：人有生老病死，物有成住坏灭，太阳过了正午最耀眼的时刻就要西沉，生物过了壮年就会走向衰老和死亡，所以，不要强壮如壮年，而要柔弱如婴儿，永远处在一个天真烂漫、精力充沛的状态，这就差不多可谓得道了。

那么，这么困难的事情，世上究竟有没有人做到了呢？《庄子·大宗师》说，有一位叫女偊的老者就做到了。他不但做到了，还教给了我们具体的步骤，甚至还告诉了我们这套神秘知识的传承谱系，以证明这绝不是瞎编的。

　　女偶教给我们的步骤是：如果你有圣人的资质，那就先持守圣人之道，三天之后就可以遗忘世故，七天之后就可以不被外物所役使，九天以后就可以置生死于度外，这时候你的心境就会非常清明洞彻，就可以体悟大道了。

　　这套方法女偶是从哪里学来的呢？女偶用了一套隐喻性的修辞讲述了知识的传承谱系，翻译过来就是："迷茫之始"传给"高邈寥旷"，"高邈寥旷"传给"静默"，接下来是"咏叹歌吟""实行""心得""见解明彻""诵读""文字"。（陈鼓应《庄子今注今译》）女偶的直接老师就是"文字的儿子"，这就是说，女偶回归婴儿的高妙法门居然是通过看书学来的，不知道鄙薄文字的道家神秘主义者会如何评价这事。

2

　　回归婴儿，这或许真的是一种"修炼"的状态。东汉的道教先贤们发展出一种胎息理论，说"气"分两种，一种是天道自然之气，一种是阴阳消息之气。前者是人在胎儿状态时的呼吸之气，是为内气；后者是人在出生之后的呼吸之气，是为外气。按照《老子》"反者道之动"的原则，人如果在成年之后能够返回呼吸内气的状态，心如婴儿，就可以修得长生。（《太平经》）

这应当算是古人对生命难题的一次饱含理性色彩的认真探索，可谓虽败犹荣。我们无法断定《老子》的作者是否真的经历过类似的修炼，但这种修炼在先秦时代的确已经存在了。

《庄子·大宗师》编排了一段孔子和颜回的对话，颜回感觉自己进步了，把礼乐都忘记了，但孔子说这还不够。颜回再接再厉，又把仁义忘记了，但孔子还觉得不够。颜回第三次来向老师报告自己的进步，说自己已经"坐忘"了。

孔子很惊讶，问："什么是坐忘？"

颜回说："忘记了肢体的存在，抛弃了聪明和知识，和大道融为一体，这就是坐忘。"

孔子很感叹，反而要拜颜回为师。

现在看来，所谓坐忘，应该就是通过打坐冥想而产生的一种心理状态，在气功和许多宗教修炼中都有出现。《淮南子·道应》引过《庄子》这段故事，说这正好说明了《老子》第十章的道理："载营魄抱一，能无离乎？专气致柔，能如婴儿乎？"显然，这是把《老子》这句话也理解成一种修炼状态了。

即便说《庄子》的故事我们仅仅可以当作寓言，但这种神秘的坐忘体验确实被后人不断地验证过，比如新柏拉图主义的创始人普罗提诺，他的哲学体系的建立很大程度上就是基于一种天人通感的神秘体验，这在他自己的著作里是多次被提到的。中国也有这样的例子，比如明代的罗洪先。

可以说罗先生是王阳明的弟子，他描述过自己的静坐体验："极静之时，但觉此心本体如长空云气，大海鱼龙，天地古今，打成一片。"用儒家和佛家惯用的话说，罗洪先是"证"出了这个境界。——若干道教徒理解的《老子》之"抱一"，还有所谓"天人合一"的神秘体验，恐怕也就是这个样子了。这种"天人合一"的精神状态，用 Tateno Masami 的观点来看，就是消弭了认知论上的相对主义，而老子应该就是通过打坐冥想一类的方法获得了这种哲学上的洞见。（*A Philosophical Analysis of the Laozi from an Ontological Perspective*）

"合一"（union and unity）的体验在不同类型的神秘主义里都扮演着非常重要的角色。正如 Bryan W. Van Norden 总结的那样：印度文化中的一位神秘主义者会声称他穿透了摩耶之幕，看到"一切是一"，而在犹太、基督教或伊斯兰教的传统里，一位神秘主义者会声称自己有过与神合一的体验。在其他文化里，神秘主义者们会认为我们都是一个有机而和谐的整体的一部分。（*Method in the Madness of the Laozi*）也有一些例子不能让我们一下子把它们和神秘主义体验联系起来，比如英国的玄学派诗歌和宋代儒家"民胞物与"之类的主张。邵雍和张载就尤其喜欢融自我于全体，消弭掉人我之间与物我之间的分别。但这背后还是儒家的政治理念：通过如此这般的自我修炼以达到"内圣"，进而才可以"外王"。

这种神秘体验对儒家的影响似乎并不弱于道家，而且儒家知识分子更善于把它世俗化，用它来解决人生的现实问题。比如苏轼以易学讲人生的三个阶段，第一个阶段是逆流以溯源，摆脱日常琐事的牵绊，以获得一种对人生的广大视角；第二个阶段是与源头合而为一，以整体观来关照宇宙；第三个阶段则是回过头来顺流而下，从此得心应手、自动自发地应对日常生活。这三个阶段，Peter Bol 称之为认知、合一与实践。儒家这样做，不是为了满足哲学上的好奇心，而是意在道德践履。

从思想史来看，凡是讲静坐的，基本都可以归入神秘主义，进而从神秘主义产生出宗教感。尽管从形式上看，佛教有打坐，基督教有默祷，儒家有静坐，婆罗门有瑜伽，分属不同的思想体系，实则在精神状态上大同小异。以此为标准，思想史可以划分为两大阵营：感性哲学和理性哲学。（我将另外撰文论述。）

凡勃伦曾经怀着"小人之心"做出过这样一番分析：为了要打动甚至欺骗没有知识的人，学识中的神秘内容始终是一个很有吸引力也很有效的因素。在一个目不识丁的人看来，一位大学者的声望大半是根据他与那类神秘力量的密切程度来衡量的。……在这些善良、天真的人看来，凡是在宗教界据有高位的人士，在神秘学和魔术的使用方面总是十分精通的。

与这种看法同时并存的是这样一种一般的见解，即高深学术和"不可知的"性质这两者之间总是有密切关系的。……有些人的思想习惯并不是在与现代工业的接触中形成的，这些人仍然觉得"不可知的"知识即便不是唯一真正的知识，也是根本的知识。（《有闲阶级论》）

凡勃伦的这部成名之作出版于1899年，而今一百多年过去了，或许很令一些人不快的是，科学家们对这个神秘体验的问题开始感兴趣了，不时地会有一些研究报告出来，试图破解那些"不可知的"因素。

2005年4月的一期 *Scientific American Mind* 说威斯康星大学麦迪逊分校有幸得到了十位道行颇深的禅宗僧侣的合作，在他们进入打坐的状态时对他们进行了脑电波扫描，发现了伽马波的振幅超高，并且呈现出长程伽马波的同步现象——分布在不同区域的伽马波竟然像在齐步走一样，或者说像是无数根跳绳在整齐一致地摆动。

和睡觉前的精神放松不同的是，打坐带来的不仅不是精神的放松，反而是一种紧张而宁静的专注，类似于训练有素的音乐家在凝神倾听音乐的时候所表现出来的那种状态。那种精神上的和谐感，用仪器的眼光来看，就是神经组的协调。

2006年年初，*Scientific American Mind* 又对这个问题做了专题报道，显然宗教人士并不都排斥这种研究，因为一位人所共知的宗教领袖在2005年华盛顿特区召开的神经科学协会的年会上，当着一万四千名神经科学工作者提出，医院不仅应该提供对精神病人的帮助，还应该为普通人提供一些可以改变心智的脑部外科手术或者药物帮助。这位宗教领袖还半开玩笑地说：如果对脑部的一次小小的电击就可以让他摆脱负面情绪的话，他就不再需要每天花上几个小时的打坐来进入心灵的澄明之境了。[1]

老子很可能就是通过某种古老而神秘的打坐方法体验到了那种回归婴儿的状态，也许日后的科技发展也能让我们通过"对脑部的一

---

1 五代谭峭的《化书》也属黄老一系，在"道化"一章里虽然没提"坐忘"这个名词，却细分了"坐忘"的几个步骤："忘形以养气，忘气以养神，忘神以养虚。虚实相通，是谓大同。"这虽然算是理论或技术上的发展，但从上文介绍的科学研究来看，坐忘的过程似乎很难细分成这样几个步骤。谭峭本人向道士学过辟谷养气之术，被道教尊为紫霄真人，也许他另有一套修炼方法吧。

次小小的电击"，来便捷地感受老子当年的无上修为。在 Harold D. Roth 看来，老子的这种修为并不是孤立的个别现象，而是当时存在着这样的一种传统，而《老子》著名的宇宙论与政治哲学正是产生于这种打坐冥想的灵修体验。（*The Laozi in the Context of Early Daoist Mystical Praxis*）

果真如此的话，对那个费解的回归婴儿的说法似乎也就不必多做探求了，因为那已经不是理性能够达到的地界了。

但是，古人确实有用理性来解释婴儿之道的。《吕氏春秋·具备》说三个月的婴儿既不渴望轩冕，也不害怕斧钺，却能感受到母爱，这是为什么呢？

以我们现在的眼光来看，这个类比很没逻辑，因为轩冕和斧钺都是死物，母亲却是活人，如果换成一位慈眉善目的老奶奶用轩冕来逗弄小婴儿，小婴儿很可能就对轩冕有反应了；如果换成一名凶神恶煞似的大汉拿着斧钺作势砍他，小婴儿很可能也会吓得哇哇大哭。不过，我们还是继续来看古人的分析吧。

《吕氏春秋·具备》解释说，为什么会这样，是因为母爱的精诚可以感动到婴儿。精诚所至，金石尚且为开，何况是血肉之躯的人呢。所以说，要感受一个人的哀恸，听他诉苦不如看他哭泣；要感受一个人的愤怒，听他骂街不如看他打架。同理，搞政治的心如果不诚，也就无法感化人民。

《吕氏春秋·具备》描摹婴儿的特点，是站在母亲的角度讲的，而后世的道教与佛教却多有站在婴儿的角度来讲的，婴儿是我们的传统文化里一个常见的符号。

钱锺书先生说，婴儿本身并不是《老子》所谓的"道"或者"玄德"，而是意在说明成人要努力效仿婴儿的状态，就像圣人要尽人之能事以效法天地之行所无事。（《管锥编》）

这是一个很高明的见地，当然，以我们凡夫俗子的心态来想，效仿婴儿也要有所选择才行。我们可以想象一个男婴忽然获得了成年人的体格，他又会怎么样呢？如果在商店里看到美食，如果在大街上看见美女，他会有什么反应呢？如果一个人要抢他的奶瓶，他会不会毫不犹豫地打死这个人呢？

3

如果说《老子》的政治哲学产生于打坐冥想的灵修体验，难道真的可以这样推而广之、扩而充之吗？

在第九章我们知道，《老子》确实存在这种思维方式。儒家也讲"修齐治平"，从修身而齐家，从齐家而治国，从治国而平天下。但是，这套道理在西周的宗法社会结构下倒还说得通，但在战国以后就说不通了。

所以到了《管子》那里，对这套逻辑就做了一个细分，《权修篇》说君主如果连自身都管理不好，又怎么能够管理别人；管不了人也就管不了家，一直推演下去，治不了国也就治不了天下；而《牧民篇》

则从另一个角度表达一种看似完全相反的观点：按照治家的要求治乡，乡就不可能治理好；按照治乡的要求治国，国也不可能治理好；按照治国的要求治理天下，天下也不可能治理好。那应该怎么做呢？应该按照治家的标准治家，按照治乡的标准治乡，按照治国的标准治国，按照治天下的标准治理天下。

为什么会这样呢？因为社会结构发生了质变，老办法不灵了。《老子》的推而广之是不是也存在这种问题呢，难道不管社会结构如何变化，统治者都可以永远守着回归婴儿的那一套吗？何况从婴儿的特质到治国平天下的道理，这个跨度也实在太大了些。

《老子》的朴素思想似乎没有这么多的顾虑，总之"反者道之动"，不但社会应该倒退，个人也应该倒退，退回到婴儿状态才是好的。[1]这恰恰是和儒家相反的态度，儒家讲做人要做加法，强调人的社会属性；《老子》却做减法，强调人的自然属性。婴儿就是典型的自然属性的代表，因为他还丝毫没有受到社会文化的浸染，他既不是好人，也不是坏蛋，既不高尚，也不卑鄙，他会使出吃奶的力气来吃奶，但我们并不会觉得他贪婪。无论是孟子讲性善还是荀子讲性恶，在小婴儿的身上一点都不适用。小婴儿恰恰表现出了最基本的人性特点，但所有这些特点在他身上都是"非道德"的，完全没法用善恶来评论。

---

1 这种倒退也许是线性的，也许是一个阴阳循环的圆圈。在后者的意义上，Kirill Ole Thompson创造性地阐释了《庄子·逍遥游》中鲲化为鹏的过程：鲲生于北冥，其地处阴之极，但带着一点微弱和原始的阳气，鲲化为鹏意味着阳气从阴气中崛起。属阴的鱼（鲲）潜藏在神秘而幽暗的北冥，属阳的鸟（鹏）却飞翔在无垠而明亮的天空。鹏飞向南方，也就是飞向阳之极，那里就是天池。阳极而阴，鹏还会再变为鲲，回到北冥。其中的缘故就是《老子》所谓的"反者道之动"。（*What Is the Reason of Failure or Success ? The Fisherman's Song Goes Deep into the River: Fishermen in the Zhuangzi*）

"复归于婴儿"，无论这是不是冥想当中的特殊感受，但《老子》不只把它当作个人修养，而且还当作了一种政治主张：如果全国的老百姓都能"复归于婴儿"，大人的身体，婴儿的心智，这个国家可就太理想了。

4

　　不尚贤，使民不争；不贵难得之货，使民不为盗；不见可欲，使民心不乱。

　　是以圣人之治，虚其心，实其腹，弱其志，强其骨。常使民无知无欲。使夫智者不敢为也。为无为，则无不治。(《老子》通行本第三章)

　　不标榜贤才异能，使人民不争功名；不珍贵难得的财货，使人民不做盗贼；不显耀可贪的事物，使人民不被惑乱。

　　所以有道的人治理政事，要净化人民的心思，满足人民的安饱，减损人民的心志，增强人民的体魄。常使人民没有（伪诈的）心智，没有（争盗的）欲念。使一些自作聪明的人不敢妄为。以"无为"的态度去处理世务，就没有不上轨道的。(《老子注译及评介》)

这一章很能说明老子的屁股到底坐在哪儿。用老派的话来说，这完全是站在统治阶级的反动立场上，不是要把老百姓"当成"傻子，而是要把他们"变成"傻子。所以说《老子》的政治主张是看人下菜碟的，对统治者和老百姓分别采取不同的标准。Bryan W. Van Norden一针见血地说："尽管《老子》的乌托邦没给知识分子留位置，但它设置了圣王这个角色。这就意味着，一定有些什么人掌握着某种特殊的无法言传的'知识'，以使自己适合于统治者的岗位。"（*Method in the Madness of the Laozi*）

"愚民"就是一种很有必要的知识，尽管"愚"在《老子》的语境里含有褒义，尽管"愚民"只是一种"不方便明说"而非"无法言传"的知识。试想，如果每一个老百姓都能"复归于婴儿"，只知道吃喝拉撒，不知道思考，空有成人的身体，却只有婴儿的头脑，对于统治者来说，还有什么会比这更理想呢？

这个政治构思虽然乍看上去有些荒谬，在实践上却不乏成功的案例。老百姓接受的教诲是：统治者能让你们活着，这已经是莫大的恩惠了，所以除了感恩戴德之外，实在不该再有任何非分之想。我们看历代的统治技术，统治者们愿意让老百姓吃饱饭、养好身体，但对思想控制往往过分紧张。毕竟猪好管，人不好管。这个道理也可以作为一种反向的观察手段，如果你读世界史的时候发现某时某地的社会气象是"净化人民的心思，满足人民的安饱，减损人民的心志，增强人民的体魄"，那么你就可以推断，无论有多少华美的包装，在这些包装的底下，这样的政府只能是一个专制政府，这样的人民也只能是被统治者当作猪羊一样地"饲养"。

要达到这种理想之治，统治者具体应该怎么做呢？《老子》给出的方案就是"不标榜贤才异能，使人民不争功名；不珍贵难得的财货，使人民不做盗贼；不显耀可贪的事物，使人民不被惑乱"。

若依王弼的注释所暗示的，《老子》这三句话并不是平行关系，最后一句"不见可欲，使民心不乱"应当是对上两句话的总结。这是《老子》常见的链体修辞，却很少引起学者们的注意。（瓦格纳《王弼〈老子注〉研究》）所以"不见可欲"才是终极的统治技术，只要把种种可能会引起人们欲求的东西隐藏起来，人心就不会受到惑乱，所有人都像婴儿一样单纯，社会也就少了争竞。

对这个问题，Bryan W. Van Norden 设计过一个饶有趣味的例子：试想一下，你发现了邻居丢掉的钱包，你会怎么做呢？康德、孟子和老子这三位大哲对你的所作所为又会如何评价呢？

三位大哲首先都会赞成你把捡到的钱包归还失主，但如何评判你的动机，他们的看法会非常不同。孟子会说，归还钱包的举动应当出自你对邻居遭受损失的"恻隐之心"，或是出自你的"羞恶之心"，因为你耻于占有不属于自己的东西。

而在康德看来，你归还钱包的举动只在基于以下这唯一的一种动机时才具有的道德价值，即你这么做是出于对正义原则的尊重。相反，无论你是出于自利的考虑（也许你期待得到别人的表扬或是经济上的回报），还是出于恻隐之心或羞恶之心，你归还钱包的行为都会缺乏道德价值。

然而康德和孟子的意见都不会得到老子的赞同。老子认为在最好的社会里根本就不该有现金、信用卡或是其他什么值得去偷的东西。在等而下之的社会里，你之所以会把钱包归还失主，仅仅是因为你根本就没动过占有它的念头。

在老子看来，无论是康德型的社会还是孟子型的社会，人们的行为都基于自觉的道德动机（尽管各不相同），而这样的社会几乎和那些追名逐利的社会一样坏。[1]（*Method in the Madness of the Laozi*）于是在这个例子上，三位先哲可以分为两大阵营：孟子和康德站在"道德"阵营，老子则站在"非道德"的阵营，亦即老子的主张是一种无善无恶的完全不存在观念的社会，就像禁果被偷吃之前的伊甸园一样。

《老子》这种淳朴的想法并不是一枝独秀，尤其就其返璞归真的解决方案来说，西方也有不少人站在道德的阵营大谈"金钱是万恶之源"，还有工人捣毁机器，认为机器是使他们境遇悲惨的罪魁祸首。

当然，治黄老之术的学者们恐怕不会赞同我的看法，比如《淮南子·齐俗》就认为《老子》这番话很有道理，正确的解读方式应该是这样的：人愿意住豪宅，但鸟住进去就很不舒服；虎豹喜欢住在深山老林里，但人住进去就不舒服。万物天性不同，也各有长短优劣。柱

---

[1]《庄子·骈拇》阐述过这个道理，说有两个牧羊的童仆，一个因为读书而丢了羊，另一个因为赌博而丢了羊，虽然在一般人看来，读书要比赌博得到更高的评价，但丢羊这个结果却是一样的。天下之人，有的为仁义而牺牲，世俗称之为君子，有的为财货而牺牲，世俗称之为小人，但从残生伤性这个结果来看，君子和小人有什么分别呢？《庄子·天地》说百年的树木破开做成精美的酒具，砍断不用的部分丢弃在沟中，两者虽然美丑有别，但从丧失本性这一点来看都是一样的；夏桀、盗跖和曾参、史鱼，虽然行为有好坏之别，但从丧失本性这一点来看也都是一样的。《庄子·盗跖》满苟得对子张说的话里，也论述小人死于财，君子死于名，他们都是舍弃了生命而追求不应当追求的东西，在这个意义上说，君子和小人是一样的。

子不能拿来剔牙，簪子不能用来支撑房屋，马不能负重，牛不能快跑，万物只要处在自己最适宜的位置上，就同样都会发挥作用。

如果比煮饭，镜子比不过算子；牺牛适合用来祭祀，求雨却不如神蛇。由此看来，万物无所谓贵贱，如果从可贵之处着眼，没什么东西不是贵重的；如果从低贱的地方来贬低，所有的东西都有可被贬低的地方。

漆越黑越好，粉越白越好，下雨天穿不了裘衣，进了屋也没法穿蓑衣。万物各有所贵，只要各得其宜。《老子》所谓"不尚贤"，就是说不要把鱼弄到树上，不要把鸟沉到渊里。[1]（《淮南子·齐俗》）

《淮南子》的这段解说可谓很有哲理，却走错了方向，不知道决定物品之贵贱的并不是它们的功用，当然也不是像马克思说的那样是生产这些商品所需的必要劳动时间，而是人们的主观评判。就好像我写一本书，张三愿意花一百元来买，李四觉得一钱不值，完全取决于个人主观。（如果书的价格是二十元，张三就获得了八十元的消费者剩余，赚了。）

当然，这个看似如此简单的道理，其实是奥地利学派的经济学家们告诉我们的，仿佛还只是昨天的事情，连马克思都不知道，更别提两千年前的古人了。

---

[1]《老子》这里反对"尚贤"，而这正是墨家的著名主张，所以有人怀疑《老子》晚出，当在《墨子》之后。但是，《老子》这里所谓的"尚贤"未必就是墨家所谓的那个意思。《文子·下德》说，所谓尚贤，是说人的性情总爱抬高自己，生怕不如别人，这就很容易激发争心和怨心。古代圣王却不起这种争怨，所以心治而气顺。

5

"复归于婴儿"即便真的只是一种不切实际的幻想,但它的确说出了一种真实的并且相当普遍的"愿望"。任何一个人,只要他对社会的堕落感到痛心疾首,总喜欢叨念些"世风不古、人心日下"的陈词滥调,对知识的增长及其滥用感到忧虑,对错综复杂的社会关系感到手足无措,他就很有可能去响应"复归于婴儿"这类的号召。

婴儿,始终是神秘主义的经典符号。正如《老子》把回归婴儿作为人生的终极追求,佛教《大日经》也设计了一个"婴童无畏心",作为善心发展之八个阶段的终极阶段,《大般涅槃经》讲菩萨的五种修行,第五种即是"婴儿行",犹如婴儿不知父母,菩萨对众生一视同仁,并无亲疏,而如来佛祖教导众生,也把众生当成婴儿一样,有时候也会编个瞎话哄他们,总之是为他们好。

修行要达到婴儿的境界,我们可以看禅宗大德慧海(他是马祖道一的学生)的一段著名对话。一位律师(这个律是佛教经、律、论三藏典籍中的律,这方面的专家就叫作律师,到现代社会我们就把这个词转义来用了)来找慧海,问道:"您现在修行还用功吗?"

慧海回答说:"用功呀。"

律师问："那您是怎么用功的？"

慧海说："饿了就吃，困了就睡。（饥来吃饭，困来即眠。）"

律师很困惑，问道："只要是人，谁不是饿了就吃，困了就睡呢？难道他们这也叫用功修行吗？"

慧海说："其他人吃饭睡觉和我的吃饭睡觉那是大不一样的。"

律师问："怎么个不一样法？"

慧海说："他们该吃饭的时候不吃，百种需索；该睡觉的时候不睡，千般计较。这就是我们的不同之处呀。"

慧海大师的话很有哲理。"饥来吃饭，困来即眠"，确实是婴儿的境界。原来修行就是这么简单，成佛就是这么简单。

对于已臻化境的慧海大师而言，似乎除了吃饭和睡觉之外，再没有什么"过分"的欲求了。如果政府悬出赏格，请他老人家去偷东西，他肯定也不会同意的——不是因为偷窃违反道德操守，而是因为在他的修为层次上，无论是赏格还是偷来的财物，都构不成一丝一毫的诱惑。这就是王弼说的"苟存无欲，则虽赏而不窃"（《老子微旨例略》），就像用阉割的手段来解决美色的诱惑，《老子》似乎意在把老百姓都培养成"道德的阉人"。

这的确很不简单，正如慧海大师的修行并不像表面看上去的那样简单一样。如果从修行境界角度来谈，慧海大师的该吃就吃、该睡就睡，虽然和普通人一样，甚至和猪一样，但境界大有不同。普通人该吃就吃、该睡就睡，这就是禅法修为里最初阶段的"见山是山，见水是水"；后来一修行，事情就复杂了，于是"见山不是山，见水不是水"，这是第二阶段；等修行到了慧海大师这种程度，由繁入简，返璞归真，似乎又回到该吃就吃、该睡就睡的第一阶段了，但这只是貌似而已，境界却已经大不相同了。就像孙猴子之前没有紧箍咒，做了斗战胜佛也没有紧箍咒，二者的境界却是两重天。

但慧海大师的这个境界，如果从我们普通人的视角来看总觉得不易理解，虽然很现实的唯物主义也有这样的讲法——马克思的理想人生就是：上午打猎，下午捕鱼，傍晚畜牧，晚上研究哲学，每一个特定的时间都在做自己自然要做的也碰巧喜欢的事情。这是一种伟大而简单的生活呀。

真的这么简单吗？不一定。慧海大师并没有解答出一个前提问题：饿了就吃，没吃的怎么办？困了就睡，没睡的地方怎么办？（也许这就是马克思比慧海大师更具进步性的地方吧。）

比如你已经失业很久了，除了西北风什么也吃不着，这该怎么办？上有八十岁老母，下有三个月的孩儿，眼看就要饿死了，这该怎么办？房子已经卖掉了，全家人露宿街头，马上就到冬天了，这该怎么办？

所以慧海这两条标准看似简单，其实是有前提的：一要有钱，二要有闲，总之是饿了能有东西吃，困了能有地方睡。

现在，你这个拖家带口的流浪汉终于找到了一份零工，老板要求早晨五点上班，晚上十点下班，迟到一分钟就扣一天的薪水，加班很频繁还没有加班费。你从早晨五点干到晚上，吃饭的时候，你心里能没有"百种需索"吗？从早晨干到晚上，实在是困得不行了，你敢睡吗，你心里能没有"千般计较"吗？

于是，为了获得可以"饥来吃饭，困来即眠"的先决条件，你就不得不"百种需索，千般计较"。

时间又过了两年，你工作得非常努力，全家人已经可以基本过上"饥来吃饭，困来即眠"的神仙日子了，这时候你就可以不再有"百种需索，千般计较"了吗？——还不行，你会担心等哪天你干不动了，或者又失业了，或者家里有谁生了一场大病。这种未雨绸缪的考虑使你丝毫不敢松懈，继续早出晚归，饿了不能吃，困了不敢睡。不可否认的是，这就是贪念和执着，不知道有几人可以克服得了。

贪婪是人的本能，甚至是一切生物的本能。骆驼喝一次水会喝很多，因为未来的日子里可能很多天也找不到水源；狮子一顿可以吃到肚子贴地，因为它很难保证每天都能打到猎物。人类的身体储存脂肪的能力也是在漫长的进化过程中这么发展出来的，只是现在社会发达了，这种在漫长的历史过程中大大提高了人类生存机会的重要能力，反倒变成了一种负担，人们开始减肥了。减肥之所以那么困难，因为它对抗的是千百万年来人们在自然演化中缓慢形成的天性。

归根结底，第一，贪欲是生物的本能，人类也不例外，和本能作对是困难的；第二，有饭吃、有房子住是先决条件，如果饥来没饭、困来没床，那就麻烦了。

那么，佛教是怎么解决这些问题的呢？中国历史上的很多时期，寺院都是很富有的，皇室有赏赐，百姓有捐献，寺院拥有大量的田产、佃农和奴婢。著名如神秀，号称"两京法主，三帝国师"，走的也是这个路线。我们看禅宗，后来为什么神秀这派一蹶不振，慧能南宗发扬光大，除了神会的努力和教义的差异之外，一个现实的因素是：唐武宗会昌灭法，断了和尚们的生路，大多数寺院都是靠供养维生的，生活一旦无着，也就别谈什么弘法的事了，但慧能那里主张自力更生——不仅是修习佛法上要"自性自度"，生活上也不大依赖供养，而是自耕自养，靠那么一亩三分地自己养活自己。慧能这派之所以被称作"农民禅"，就有这个意思在：完全是小农意识，无论佛法还是生活全都自给自足。于是，平时看上去，这些山林里的和尚还得辛辛苦苦地种地收割，一群泥腿子而已，哪像其他教派过得风光，但一遇到大灾大难，慧能他们的优势就显现出来了。

在印度，佛教的早期，这个问题就简单得多。热带地区本来就容易吃饱，那里还很有共产主义的社会风气，只要讨饭，就有人给，只要在谷物生长的地方，就没有讨不到饭的人。事到如今，你如果还想做这种修行，大概在欧美一些福利国家还能行得通。

话是这么说，但如果你只是孤身一人，事情总会好办得多，父母子女挨饿生病不能不管，自己挨饿生病倒不妨顺其自然。修行者要出家，要反对结婚生子，这都是很有道理的。修道就像混黑社会，亲人往往会成为拖累，你至少要经常担心他们被敌对帮派抓做人质来要挟你，而被命运抓做人质就更让人难过了。

当然，如果是在上古时代，事情会简单很多。医疗水平普遍很差，亲人病了、死了，学学庄子"鼓盆而歌"也算得上一种洒脱。但在文明化到了一定程度之后，医疗水平提高了，却不可能每个人都享受到最好的医疗服务，这时候麻烦也就来了。如果你的亲人病了，你也知道只要花一笔你付不起的钱，去一所你不够资格去的医院，就可以治好，你会怎么办呢？如果按照于丹老师爱讲的道理，如果你改变不了社会环境，那就不妨改变自己的心境，那你就可以听天由命，千万别去给社会添乱，宁为瓦碎（不是错别字），不为玉碎。但即便你有这样的真情，有这样的善心，又修炼出了这样的忍功，心里的不平衡感或多或少总是有的，所以这真不是只靠苦练内功就可以"饥来吃饭，困来即眠"的。作为一名普通百姓，在个人的层面来讲，修炼到这个境界实在太难。

但如果从统治者的权术层面着手，事情就会简单很多。应用《老子》的意见，"不见可欲，使民心不乱"，要么干脆不发展医疗技术，要么虽然搞发展，但严格控制起来。也就是说，高科技的医疗设备可以有，高水平的医生可以有，但因为这是每个患者和他们的家属都"可欲"的，所以应该藏得好好的，只让"有资格"的人享受，千万别让老百姓知道。

信息为王。统治者只要能够有效地控制住信息，就能在很大程度上确保政权的稳定。

孔子向子贡讲过为政的三要素，最重要的就是人民对政府的信任，就算缺粮、缺兵，有人饿死、有人被杀，只要有这个信任在，政权就动摇不了。（《论语·颜渊》）这话就好比近代的纳粹国家说要牺牲多少多少人来换取国家的稳定一样，只不过统治者爱玩文字游戏，把"政权"替换为"国家"，让那些被牺牲、被剥夺、被侮辱的老百姓怀着崇高的悲剧情怀，心甘情愿地去牺牲、剥夺和侮辱自己。——我曾集《论语》的两句话凑成一副对联，以形容这样的统治风格，即"无信不立，有过必文"。

　　要保持人民对政府的这份信任，控制信息的技术就一定是至关重要的政治技术。"不见可欲，使民心不乱"，"常使民无知无欲"，如果你不知道这个社会上还存在着一种可以治好你亲人的疾病的医疗服务，欲望就不会产生，心也就不会乱了。东德和捷克斯洛伐克以前在这方面就做得相当成功，一直到大变革之后，老百姓才发现，以朴素闻名的人民公仆竟然享受着令人吃惊的奢华。

6

　　对于同一个问题，不同的人给出了不同的解答。儒家也不喜欢社会上的纷争，也对物欲横流的风气痛心疾首。《荀子·富国》就曾说过，欲望太多，东西太少，一定会闹纷争。

　　怎么解决这个问题呢？荀子可不希望所有人都回归婴儿，事实上他并不认为这是可能的，因为人自从一降生就有欲望，欲望得不到满足就会产生更强烈的需求，需求如果不被限制就势必引起纷争。争则乱，乱则穷。这种情况以前发生过，古代的君王很不喜欢这样，于是制作礼义。有了礼制之后，人人各安其位，只拿自己该拿的那份。（《荀子·礼论》）

　　荀子在这里分析礼的起源，阐释礼的功用，确实很有道理。礼制社会就是一个等级社会，一个人处在什么等级，衣食住行就得按照这个等级所限定的标准，否则就是僭礼。如果大家都能安于这样一个礼制社会，天下确实会太平很多，比如科长纵然很喜欢局长坐的豪华车子，但他也该知道"非礼勿视"，别乱看，别乱想，非礼的事情做不得。

这样一来，社会上所能提供的物产就可以被有计划地消费了，大家各安其位，按等级分配，而且等级的变迁是缓慢并可以预见的（比如科长很清楚自己会在什么时间论资排辈地熬到局长），这就可以天下太平。

这样的社会确实在很大程度上消除了竞争的欲望，比如在曾经等级森严的印度，"每一个婆罗门自从出生在婆罗门等级里之日起就是一个婆罗门……尽管婆罗门教徒按照规定应把诵吠陀经典从而洞察神理深处看作最神圣的职责，他却可以极端漫不经心地完成这个职责而不致损害他的神性"。（黑格尔《美学》）而在官僚体制里也会出现这样的情况，为了维持官僚结构的稳定，有重大贡献和突出能力的人也不得不忍受论资排辈的升迁方式，有重大失误甚至极不称职的人，最多也只会得到平级调动的"处罚"。周代的嫡长子继承制度就是这个道理，大家明明知道，不论能力、只论资历的"僵化体制"很难把最称职的人放在最重要的位置上，但这无疑是最稳定、风险最小的安排，让人们不会对最高权力产生觊觎之心。

这样看来，无论是《老子》主张的回归婴儿，还是《荀子》讲的礼制，要解决的都是同一个问题，而这个问题正是现代经济学一切理论的大前提：资源的稀缺性。用教科书的话来说："一个社会必须决定将要做哪些工作和谁做这些工作。社会需要一些人种粮食，另一些人做衣服，还有一些人设计电脑软件。一旦社会分配人们（以及土地、建筑物和机器）去做各种工作，它还应该分配他们生产的物品与劳务量。社会必须决定谁将吃鱼子酱而谁将吃土豆。它还必须决定谁将开保时捷而谁将坐公共汽车。"（曼昆《经济学原理》）

同一个问题，诸子百家主张各异。《老子》主张大家都去吃土豆、坐公共汽车，至少让老百姓只知道这世上有土豆和公共汽车；儒家主张从上到下按等级分配，你在怎样的阶层，就会得到怎样的分配，一切都是可预期的，无论吃鱼子酱的还是吃土豆的，大家都能心平气和；法家主张各尽所能、按劳分配，实行绩效提成制度，是开保时捷还是坐公共汽车，全凭业绩。其实无论是人类社会还是动物世界，甚至植物世界，漫长的发展史上所有的斗争与纠葛，无不围绕着这个核心问题：稀缺的资源如何分配。

如果评判一下可行性的话，《老子》的方案在现实社会中确实有过成功的案例，不考虑这是否人道的问题，它的可行性一定基于这样一个前提，即统治者对社会有着极强的控制力，但是，这必然又与"无为之治"的原则相矛盾，所以《老子》的方案虽然可行，却不自洽；儒家的方案在现实社会里也有过成功的案例，但难度在于，长期维护这种阶层分化的稳定性是相当困难的，春秋时代的礼崩乐坏就是典型的例子，所以中央政府的控制力也一定要强；法家的方案也有成功案例，而且是先秦诸子的学说中见效最快的，只是这种过分强调发展效率的做法积弊太大，以至于崩溃的速度比见效的速度更快。

第十二章

玄牝与大地母亲

1

　　李零先生讲："道是天地万物的妈妈，天地万物是她的孩子。道母有个黑咕隆咚、深不见底的生殖器，《老子》叫'玄牝'。……《老子》的'玄牝'是宇宙生殖器，'玄牝之门'是它的阴道口。"（《人往低处走》）

　　至此我们会发现，作为宇宙本源的"道"，在《老子》里呈现出了一种自相矛盾的面貌。一方面，"道"作为天地之母，"有物混成，先天地生"（通行本第二十五章），它是在天与地出现之前就已经存在的一个东西，尽管它难以描述、不可捉摸，但确实是一个实际存在的东西。好比一百五十亿年前的太阳系诞生之初，既没有太阳，也没有众多的行星和卫星，只是一个巨大的气团而已，这个气团"寂兮寥兮，独立而不改，周行而不殆，可以为天地母"，终于分化成型，于是有了太阳，也有了我们的地球。

　　不管怎么说，这个气团都是一个真实的物理存在，从这个气团（星云）诞生了所谓的"万物"。用韩禄伯的归纳性的表达就是：万物生于"道"，用的是一种婴儿脱胎于母亲的子宫的方式。作为一种"物质实体"（material reality）的"道"，是一个无尽的创生之源。（*Re-exploring the Analogy of the Dao and the Field*）在这个意义上，一个费解的问题就此出现："道"只是"空"（emptiness），就像子宫和风箱一样，而不是"无"（nothingness）。

再看："道生一，一生二，二生三，三生万物。万物负阴而抱阳，冲气以为和。"（通行本第四十二章）这里说的也是一个万物生成的过程，尽管我们很难搞清楚所谓"一、二、三"到底有什么含义。

"道生之，德畜之，物形之，势成之。是以万物莫不尊道而贵德"（第五十一章），这里"道"是万物的生育者，"德"是万物的养育者，这一章整个说的都是万物的生养过程。

"天下有始，以为天下母。既得其母，以知其子；既知其子，复守其母，没身不殆。"（第五十二章）依照李零先生的意见，"天下的一切是从道开始。只有理解道这个妈妈，才能理解她的孩子，即天地万物。见物思道，守道而行，一辈子都不会有危险。"（《人往低处走》）

以上这些内容，都在佐证作为宇宙本源的"道"是一个实有的东西，如果说"玄牝之门"就是宇宙生殖器的阴道口，那么，无论是这个生殖器也好，阴道口也罢，都是物理性的存在，是从这个物理性的存在里诞生了天地万物。

问题于是出现了。第四十章"天下万物生于有，有生于无"，楚简本作"天下万物生于有，生于无"，无论哪个版本在字面上都是正确的，它们都在不同程度上阐释了"无中生有"的道理。

也就是说，在前面列举的那些章节里，作为宇宙本源的"道"都是以物质实体的形态出现的，用《老子》的话说，是属于"有"的范畴。那么，道、无、有，这三者到底是什么关系，孰先孰后，谁生了谁，谁又被谁所生，要使《老子》在这个问题上自洽起来，只能认为

"道"作为宇宙的终极实体，只是"空"（emptiness），而不是"无"（nothingness），而所谓"无中生有"，实际含义应该是"空中生有"，就像母体子宫之"空"生出了婴儿这个实体。

2

道教读《老子》，常把它当作一部专业技术指南，尤其像"玄牝"这类"专业名词"，更被赋予了许多相当深刻的技术意义。《老子》讲"长生久视之道"，本来和方术意义上的长生并没有什么关系，但像这种模糊的、不成体系的古老经典，往往可以比那些明确的、体系化的东西带给人们更多的启发，给后人以无限的阐释余地。

另一方面，人民群众强大而无可阻挡的造神愿望更把老子其人与《老子》其书越抬越高，甚至于说老子本人就是"道"。东汉王阜《老子圣母碑》就是这么说的："老子者，道也，乃生于无形之先，起于太初之前，行于太素之元，浮游六虚，出入幽冥，观混合之未别，窥清浊之未分。"这样的理解，已经把老子和原始宗教的创世母题捆绑在一起了。

有人认为，对创世问题的好奇，即不断追问我们来自哪里，是人和动物的一大区别。设想你自己和心爱的猫咪待在同一间房间里，这时候如果有人扔过来一个线团，猫咪的反应一定是直追过去，而你的反应一定是回头查看这个线团来自何方。同样，我们来自何方，我们所居住的这个世界来自何方，这是人类天然便要追问的一个问题。

给这个问题提供答案其实是一件再简单不过的事情，如果考诸世界各地的宗教与民俗，各种答案一定会让我们目不暇接，而困难的事情则是把其中任何一个答案合乎逻辑地论证出来。

富于神秘主义情调的中国文明不大喜欢搞"逻辑论证"这类乏味的事情，所以《老子》的宇宙生成论直到如今仍然被许多人奉为洞悉天机的妙论。而在古代道家"天人合一"的见地里，世界之大宇宙与人身之小宇宙存在着一一对应的关系，这层关系既是道家修仙的理论基础，也是中医治病的理论基础。

那么，单以《老子》之"玄牝"为例，在宇宙论上既然有了这个天地万物的创生之母，在人身这个小宇宙上理所当然地也应该存在着这样一个创生之母，如果我们能够把握住这个创生之母，自然就可以把握住生机与元气，把握住生命的大本大根。

那么，玄牝到底何在呢？北宋道士张伯端的《悟真篇》是道教很重要的一部内丹经典，其中有一首歌诀：

> 玄牝之门世罕知，只将口鼻妄施为。
>
> 饶君吐纳经千载，争得金乌搦兔儿。

字面很简单，没有什么绚烂的修辞手法，但外行就是看不懂。如果用白话直译过来，大约是这样的：

> 玄牝之门是什么，世界上没几人懂，

大家只是在嘴和鼻子上胡乱下功夫。

就算你把吐纳功夫修炼上一千年，

又怎么能让金乌抓住兔子呢？

这样翻译过来，外行也还是看不懂，因为道教先贤总是爱使用专业术语。据道教人士说，这是古圣先贤自秘其术，不想让太多的人知道。[1]所以我们要想知道，就得逐步破除一些阅读障碍了。

要理解这个歌诀，先得从最后一句来看。所谓金乌和兔子，如果分开来看，金乌就是金色的鸟，兔子就是兔子；如果合起来看，有一个不大常用的成语叫"乌飞兔走"，形容的是日升月落，时光流逝，其中"乌"指代太阳（古代神话里，太阳里边有一只三条腿的乌鸦），"兔"指代月亮（月中有玉兔捣药）——这只是这一隐喻的第一层意思。

金乌怎么能抓兔子，太阳怎么能抓月亮呢？这只是一种比喻，比喻的是一种阴阳关系。在内丹修炼者看来，金乌就是金丹，兔子就是修炼者自己体内的真气，修炼之法就是要以金丹制住自己体内的阴汞，如猫捕鼠，如鹰搏兔，不使逃遁。所谓金丹和阴汞，在这里并不是实际的物质存在，我们可以想象成张无忌在运功行气，在自己体内以《九阳真经》之气衔住《九阴真经》之气。

那么这一阴一阳是怎么来的呢？是从玄牝来的。

玄牝到底是什么，有人以为是指人体两肾之间的"混元一元"，

---

1 在文字写法上，宗教人士也常常标新立异，比如道教写"气"为"炁"，佛教写"归"为"皈"。

或者称之为"混元穴",但《悟真篇》的宋、元两代注释者以为,所谓玄牝,并不是"一个"东西,而是"玄"和"牝"两个,前者为阳,后者为阴。

这么解释倒也不全是附会,元人戴起宗以《周易》举证,《周易》说"天玄而地黄,坤利牝马之贞",这是借玄喻阳,借牝喻阴。人体的两个肾相对而生,同出而异名,如果可以交合的话,先天真气就可以凝为一粒黍珠。以前修炼内丹的人常常以为口鼻之间就是玄牝之门,所以只在呼吸吐纳上下功夫,这是毫无用处的。(《紫阳真人悟真篇注疏》)

今天的读者看到这些内容,很容易觉得无谓和好笑,殊不知这正表现出古人的一种坚毅的探索精神,只是这条路没有走通罢了。《悟真篇》说:"一粒金丹吞入腹,始知我命不由天。"念着这样的歌诀,感觉这些古人真有一种战天斗地的勇气。他们看来并不想顺应天地造化的自然,而要以一己之力突破天地造化的限制。从这层意义上看,恐怕没有人比他们更不"虚其心"、更不"无为"了。

对于不可言说的言说

很多人都对"道可道,非常道"这句话情有独钟,这本身无可厚非,但由此而引发出来的很多问题,甚至悖论,却往往被人忽略,所以我觉得有必要在全文的结尾处对这句话稍作一点辨析。

1

作为世界上最美的女人,海伦的美丽是无法言说的,而荷马在史诗里这样描写海伦之美:在特洛伊战争结束之后,希腊的长老们商议着如何处置海伦,是把她送回她丈夫那里,还是把她作为战犯处死。正在争议不决的时候,海伦被带了进来,刹那间,从没有见过海伦的长老们全都惊呆了,他们说为了这么美丽的女人,再打十年仗也值。

荷马以他高超的文学技巧成功处理了这个不可言说的言说，那么，荷马对海伦之美做出了正确的描写吗？但是，如果这个描写是正确的，我们可以根据这个描写来为海伦塑一个惟妙惟肖的雕像吗？

2

对于不可言说者的言说，不一定等于错误的言说。

在基督教的世界里，上帝是不可言说的，人类的理性、概念、逻辑等都无法穷尽上帝，所以文艺复兴时期的德国神学家库萨的尼古拉集"否定神学"之大成，论证"上帝超越了任何概念"。但这绝不意味着《圣经》是错的，也不意味着《圣经》对于基督徒的生活缺乏实际指导性，更不意味着《圣经》是不讲逻辑的。

3

"道可道，非常道"并不意味着"道"不可说，一说便错。"错"与"不完备"常常被人混淆。

所谓"不可说，一说便错"是禅宗的思维，而不是《老子》的。这种想法如果用在"道可道，非常道"上，本身就会构成一个悖论：如果你认定"道"是"不可说，一说便错"，并且《老子》全文都在论道，那只能证明《老子》全文都是错的，更加令人为难的是，就连"道可道，非常道"这句话本身也是错的。《胜天王般若经》说："一切诸法皆不可说，其不可说亦不可说。"

4

如果"道可道，非常道"意味着"道"是语言无法描述的，更是逻辑无法论证的，那么"道可道，非常道"这句话，本身在逻辑的正确性上还有没有立足之地呢？

更何况从语法上看，"道可道，非常道"，这是一个"如果……那么……"的标准的逻辑结构。

5

《庄子·列御寇》："庄子曰：'知道易，勿言难。'"

"道"并不难懂，也并不难讲，难的是知道了而不讲。《庄子·列御寇》认为，知道了而不讲，这是合乎自然的；知道了而讲出来，这是合乎人为的。古时候的至人，合乎的是自然而不是人为。

　　我们且不必追问为什么知道了而不讲是很难的，这里最令人困惑的其实只是"知道易，勿言难"这六个字。

熊逸